Christoph Quarch

Kann ich? Darf ich? Soll ich?

Philosophische Antworten auf alltägliche Fragen

Christoph Quarch

Kann ich? Darf ich? Soll ich?

Philosophische Antworten auf alltägliche Fragen

legenda Q

Inhalt

Ich und die Welt

Bin ich der wichtigste Mensch in meinem Leben?

NEIN

Der große Athener Tragödiendichter Euripides hat eine ergreifende Geschichte erzählt. Sie handelt von einer Frau namens Alkestis, die mit dem König Admetos verheiratet war. Auf diesem aber lag ein alter Fluch, so dass er lange vor der Zeit zu sterben hatte. Allein, der Gott Apollon liebte den Admetos und erwirkte von den Göttern der Unterwelt, dass jener länger leben dürfe; gesetzt, es fände sich ein anderer Mensch, der an Admetos statt zu sterben bereit sei. Es fand sich aber niemand – außer seiner Frau Alkestis. Ihr war das Leben ihres Gatten wichtiger als ihr eigenes.

Nun mag man einwenden, das sei ein alter Mythos, der uns Heutigen nichts mehr zu sagen habe. Zumal er klar patriarchale Züge trägt. Sich für den Gatten hinzugeben, fiele heute niemandem mehr ein. Wie aber steht es um die vielen tausend Mütter, die sich für ihre Kinder opfern? Wie steht es um die vielen Männer, die ihr Leben für ihre Liebsten ließen? Wie steht es um die Gentlemen zur See, die anstandslos zuerst Frauen und die Kinder in Sicherheit brachten? Es gibt reichlich Beispiele von Menschen, die sich selbst nicht als die wichtigste Person in ihrem Leben sahen – und die bereit waren, ihr Leben zum Wohl des Lebens anderer aufs Spiel zu setzen oder gar dranzugeben.

Dass wir Heutigen ein solches Verhalten kaum noch verstehen können oder gar ablehnen, liegt nicht daran, dass wir klüger oder fortschrittlicher wären als die Altvorderen. Eher liegt es daran, dass die Geschichte übervoll ist von Predigern, Diktatoren, Ideologen und Fundamentalisten, die sich die Opferbereitschaft der Menschen aus rein selbstsüchtigen Motiven dienstbar gemacht haben. Das hat aus verständlichen Gründen dazu beigetragen, dass wir heute versucht sind, Altruismus und Selbsthingabe abzulehnen, und stattdessen einen Egoismus verinnerlicht haben, der früheren Menschen inakzeptabel gewesen wäre. Die Gründe dafür sind vielfältig, müssen hier aber nicht eigens rekonstruiert werden. Wichtig ist nur zu erkennen, dass es nicht im Wesen des Menschen, sondern am modernen Menschenbild liegt, wenn wir vor allem um unser eigenes Wohlergehen besorgt sind und uns für die wichtigste Person in unserem Leben halten.

Die Römer zum Beispiel dachten diesbezüglich völlig anders. Sie waren wahrlich keine Altruisten oder Gutmenschen, eher im Gegenteil: Sie schufen sich ein riesiges Imperium und beherrschten Jahrhunderte lang die Welt. Doch Egoisten waren sie nicht. Sie wussten, dass es Größeres und Wichtigeres gibt als die eigenen Bedürfnisse, Wünsche und Interessen. So konnte Marc Aurel, der Philosoph auf dem Kaiserthron, bemerken: »Wie lange der Mensch lebt, ist gleichgültig; notwendig aber ist es, dass jeder seine Pflicht tut.« Und damit meinte er, dass es wichtiger ist, sich in den Dienst bestimmter Werte und Tugenden zu stellen, als bloß auf das eigene Leben und die persönlichen Interessen bedacht zu sein.

Marc Aurel war Anhänger der sogenannten *stoischen* Philosophie. Die Gründer dieser Philosophenschule lehrten, der Mensch sei immer eingebunden in größere Systeme, von denen er lediglich ein kleiner Teil ist. Solche Systeme sind die Familie, die Gesellschaft, der Staat, die Kultur und natürlich auch die Natur. Ihnen, diesen größeren Systemen, verdankt sich unser Sein; und ihnen zu dienen kann wertvoller und wichtiger sein, als die eigenen Schäfchen ins Trockene zu bringen. Vielleicht sogar wichtiger als das eigene Leben. Alkestis jedenfalls sah es so. Zur Belohnung wurde sie übrigens von den Göttern zurück unter die Lebenden versetzt …

Marc Aurel

(121–180 n. Chr.)

stand zwischen 161 bis 180 zwanzig Jahre lang als Kaiser an der Spitze des römischen Reiches. Seine Regierungszeit gilt als die letzte Blütezeit des Imperiums, gelang es ihm doch, in seinem gigantischen Reich den inneren Frieden und Zusammenhalt sicherzustellen, obwohl dessen nördliche und östliche Grenzen fortwährend bedroht waren. Deshalb verbrachte er den Großteil seiner Amtszeit im Feldlager, wo er auch seine von der stoischen Philosophie inspirierten Selbstbetrachtungen *niederschrieb. Marc Aurel starb fernab von Rom in der Grenzstadt Vindobona, heute bekannt unter dem Namen Wien.*

Muss ich mich selbst optimieren?

NEÌN

Selbstoptimierung steht hoch im Kurs. Von allen Seiten wird dir nahegelegt, dass du das Beste aus dir machen musst. Also arbeitest du an dir: an deinem Aussehen, deiner Karriere, deinem spirituellen Erwachen ... – um nur ein paar Beispiele zu nennen. Du machst hier eine Fortbildung, da ein Seminar, dann noch schnell ein Workout oder eine Yoga-Einheit, eigentlich solltest du meditieren und natürlich anschließend die Gäste, die du eingeladen hast, mit einem unvergesslichen Menü verwöhnen. Du willst perfekt sein, es möglichst allen recht machen und dann auch noch auf dem großen Marktplatz der sozialen Medien erfolgreich sein. So verlangt es die Aufmerksamkeitsökonomie, deren unerbittlicher Kernsatz lautet: Dein Wert richtet sich danach, wie viel Aufmerksamkeit du auf dich lenken kannst. Die Aufmerksamkeit der anderen ist es, nach der dein Wert geschätzt wird. So wirst du zum Unternehmer deines eigenen Lebens, perfektionierst und optimierst dein Selbst-Marketing, wo immer du kannst. Bis zu dem Tag, an dem dir die Puste ausgeht und du in die Knie gehst; bis zu dem Tag, an dem du in den Spiegel schaust und hinter deinen Augen eine tiefe Müdigkeit erkennst – eine Müdigkeit, die eigentlich Verzweiflung ist.

Verzweiflung. Du glaubst gar nicht, wie viele Menschen tief verzweifelt sind. Du siehst es ihnen nicht an, denn sie alle haben ihr Selbst-Marketing perfektioniert. Sie alle wissen, was zu tun ist, um auf dem großen Marktplatz mitzuhalten oder gar zu reüssieren. Doch – genau wie du – zahlen sie alle einen hohen Preis: Sie opfern ausgerechnet dasjenige, um das es ihnen bei dem ganzen Hype der Selbstoptimierung ja eigentlich geht – das Selbst. Die Tragik bei dem ganzen Rummel, den du um dich selbst veranstaltest, liegt darin, dass du dich am Ende selbst verlierst.

Einer, der dieses Problem aus eigener Erfahrung kannte, ist der dänische Philosoph Sören Kierkegaard. Er war sein Leben lang von der Frage bewegt, was es denn eigentlich bedeutet, ein gutes Leben zu führen. Die Antwort, die er gab, scheint ganz im Trend der Selbstoptimierungspropaganda der Coaches und Personal Trainer zu liegen: Es geht darum, ein Selbst zu sein, war Kierkegaard überzeugt. Fragt sich nur, was das bedeutet. Du ahnst es schon: Nicht das, was heute Selbstoptimierung heißt. Warum?

Ein Selbst zu sein bedeutet für Kierkegaard erstens, niemals fertig zu sein. Weil es gar kein Selbst gibt. Das Selbst ist vielmehr ein Geschehen: ein Prozess, der niemals endet. Endet er, dann ist es um das Selbst geschehen. Wenn du jemals glauben solltest: Jetzt, da du von allen wertgeschätzt wirst (vor allem von dir selbst) und dich zu dem Menschen optimiert hast, der du immer sein wolltest, jetzt wärest du fertig und am Ziel – dann lass dir sagen: Gerade jetzt bist du kein Selbst mehr, sondern ein Schatten deiner selbst, der die Lebendigkeit verloren hat. Je mehr du dich perfektionierst, um das zu sein, von dem du meinst, es sei dein Selbst, desto mehr verlierst du dich in dem, was Kierkegaard die »Krankheit zum Tode« genannt hat: Verzweiflung.

Worin besteht sie? Kierkegaard meint, es gibt zwei Varianten der Verzweiflung: »Verzweifelt nicht man selbst sein wollen; verzweifelt man selbst sein wollen«. Hä? Was soll das heißen? Der erste Satz weist darauf hin, dass wir immer schon wir selbst sind: Wir haben schon ein Stück gelebt, haben das Erbe unserer Vorfahren angetreten, unsere Sozialisation durchlaufen, unsere Eigenheiten ausgeprägt. Wenn wir dieses gewordene, wenn auch oft ungewollte, Selbst überwinden wollen, sind wir auf dem besten Wege zur Verzweiflung;

weil wir unsere Vergangenheit nicht loswerden, weil unsere ganze Existenz in Voraussetzungen gründet, die sich unserer Macht entziehen – und an denen wir auch nichts mehr ändern können. Deshalb führt es unausweichlich in Verzweiflung, wenn du *nicht* du selbst sein willst.

Und das gleiche Schicksal blüht dir, wenn du unbedingt du selbst sein *willst*: und zwar das Selbst, das du durch Optimierung und Perfektionierung verwirklichen möchtest. Dieses Ideal der Selbstverwirklichung ist deshalb falsch, weil es übersieht, dass dein eignes Leben deiner Machbarkeit zum größten Teil entzogen bleibt. Jeder Versuch der willentlichen Selbstoptimierung führt dazu, einen Teil von dir zu verleugnen oder zu töten. Deshalb ist es so anstrengend, unbedingt ein Selbst sein zu *wollen*. Daraus gibt es nur einen Ausweg: dich immer neu darauf einzulassen, was das Leben dir bietet. Immer neue Antworten auf das zu suchen, was das Leben von dir fordert. So lebst du *verantwortlich* – und wirst, ohne dass du dich optimieren müsstest, groß und schön und weit: ein einmaliges Selbst, ein reifer Mensch.

SØREN KIERKEGAARD

(1813–1855)

Wenige Menschen haben sich das eigene Leben so schwer gemacht wie Sören Kierkegaard. Grund dafür ist allem voran sein christlicher Glaube, der ihm einerseits eine unversiegliche Quelle der Inspiration war, andererseits ihn aber mit moralischen Skrupeln belastete, die ihn innerlich zerrissen. So löste er aus religiösen Gründen die Verlobung mit Regine Olsen und entsagte anschließend dem geschlechtlichen Leben. Nachdem er zwischen 1841 und 1846 eine Reihe bedeutender Bücher schrieb, die ihn zum Begründer des Existenzialismus machten, legte er sich in seinen späten Jahren mit den Kirchenoberen seiner Heimatstadt Kopenhagen an. Dort starb er im Alter von 42 Jahren an einem Schlaganfall.

Darf ich meiner Gesundheit schaden?

NEIN

Im Mittelalter stand die Selbstkasteiung hoch im Kurs. Da genoss höchstes Ansehen, wer sich selber quälte. Heinrich Seuse etwa, der große Schüler Meister Eckharts, der sich täglich geißelte und acht Jahre lang ein mit Nägeln gespicktes Kreuz auf dem Rücken trug. Der hätte wohl nur gelacht über die Frage, ob man seiner Gesundheit schaden dürfe – und hätte darauf verwiesen, dass es ihm allein um sein Seelenheil gehe, gemessen an der ihm sein leibliches Wohl schnurzpiepegal sei.

Heute ist das Seelenheil den meisten piepschnurzegal, aber ihre Gesundheit ruinieren sie trotzdem: Dauerstress, Bewegungsmangel, schlechte Ernährung, Alkohol, Drogen, Nikotin. Zahlreich sind die Wege, sich kaputt zu machen oder seine Gesundheit zu schädigen. Die Gründe dafür bleiben aber meist dieselben. Man muss Geld verdienen, will Erfolg, braucht Entspannung oder man pocht auf seine eigene individuelle Freiheit. Wer wollte das in Frage stellen?

Die Gründe haben sich gewandelt – der Trieb, sich selbst zu schädigen, lebt fort. Der sonderbare Trieb, sich selbst zu schädigen und niemand, der ihm Einhalt gebietet. Wirklich niemand? Na ja, der Gesetzgeber greift gelegentlich ein, wenn die Bürger es zu weit treiben mit dem Masochismus: Dann werden Drogen verboten und Raucher in Glaskästen gesperrt, oder Krankenkassenbeiträge erhöht. Aber so richtig in die Privatsphäre des Einzelnen einzugreifen, das wagt selbst der Gesetzgeber nicht.

»Mein Leib gehört mir«, lautet das unausgesprochene Credo aller Büßer und Asketen – ungeachtet dessen, welchem Gott sie eigentlich nun dabei huldigen. Und ihren Leib, so schließen sie daraus, dürfen sie als ein Instrument gebrauchen. Der Zweck, so sagen sie, heiligt die Mittel, und die Schädigung des eigenen Leibes ist okay, solange das keinem anderen schadet oder im Dienste höherer Zwecke steht – oder von purer Notwendigkeit diktiert ist: Wer wollte einen Minenarbeiter tadeln, der seine Gesundheit ruiniert, um das bisschen Geld zu verdienen, das er braucht, um seine Familie am Leben zu halten?

Aber stimmt das auch? Der Kirchenlehrer Thomas von Aquin jedenfalls vertrat die Ansicht, man dürfe sich auf keinen Fall selber schädigen, weil dies »der Liebe, mit der ein jeder sich selbst lieben muss«, entgegengesetzt sei; und weil man so ein Unrecht gegen die Gemeinschaft begehe, der jeder unweigerlich zugehöre.

Wer so argumentiert, trifft einen wahren Punkt: Tatsächlich ist es fraglich, ob der Leib ein Mittel ist, das man beliebigen Zwecken unterordnen darf. Denn die Gesundheit ist ein Zweck an sich und es verrät ein falsches Denken, wenn man so tut, als könne man sie anderen Zielen dienstbar machen, seien sie noch so ehrbar. Wenn ideologische und religiöse Dogmen oder wirtschaftliche Umstände Menschen zwingen, ihre Gesundheit aufs Spiel zu setzen, dann müssen diese Systeme kritisiert werden und nicht so sehr die Einzelnen, die sich selbst schädigen. Doch den Einzelnen wird man durchaus verurteilen können, ja sogar verurteilen müssen, wenn er ohne Not die eigene Gesundheit aufs Spiel setzt und dann womöglich auch noch andere in der Gesellschaft dadurch gefährdet, so wie es bei all jenen der Fall ist, die sich weigern z. B. in einer Pandemie eine Mund-Nasen-Bedeckung zu tragen, oder die ungehemmt ihren Nikotinrauch anderen ins Gesicht blasen.

Nein, niemand ist allein auf Erden. Tatsächlich täuscht sich, wer glaubt, sein Verhalten sei völlig privat und gehe sonst niemanden etwas an. Immer stehen wir auch in der Verantwortung anderen gegenüber: unseren Kollegen, die unsere Fahrlässigkeit ausbaden müssen; den Mitversicherten, die unsere Therapie zahlen; unseren Angehörigen, die wegen unseres Tuns rotieren müssen. Nein, wir sind nicht nur uns, sondern auch ihnen anvertraut. Deshalb sollten wir gut auf uns achtgeben.

THOMAS VON AQUIN

(1225–1274)

Er war der führende Denker des Mittelalters, der mit seiner Summe der Theologie *eine Kathedrale des Geistes errichtete. Aber Thomas von Aquin war auch Italiener. Er liebte nicht nur sich, sondern auch gutes Essen. Ob er damit seinen eigenen Maßstäben gerecht wurde und die eigene Gesundheit nicht schädigte, darf bezweifelt werden: Es heißt, man habe in sein Schreibbord eine Ausbuchtung schneiden müssen, um seiner Leibesfülle Raum zu geben. Ein gewichtiger Denker – in jeder Hinsicht.*

Muss ich den aktuellen Trends folgen, um erfolgreich zu sein?

NEIN

Manche Philosophen haben einen blinden Fleck: Sie schreiben wundervolle Dinge über das Leben und weisen mit großer Klarheit ihre Leserinnen und Leser auf Irrtümer, Verblendungen oder verhängnisvolle Verstrickungen hin, denen sie selbst erlegen sind. Martin Heidegger ist so ein Denker. In seinem epochalen Meisterwerk *Sein und Zeit* von 1927 hat er auf großartige Weise das menschliche Dasein durchleuchtet und dabei plausibel gemacht, dass es uns freisteht, zwischen einem eigentlichen und einem uneigentlichen Leben zu wählen – und dass wir uneigentlich vor allem dann unsere Tage fristen, wenn wir dem »Gerede« der Leute nachlaufen und uns demjenigen unterwerfen, was er »die Diktatur des Man« nannte. Genau dieser Diktatur des Man ist Heidegger selbst erlegen, als er 1932 mit den Nazis paktierte und sich deren Bewegung anschloss. So verlor er sich selbst in die »Uneigentlichkeit« und wurde zum Mitläufer. Heute scheuen sich deshalb viele Leute, seine Bücher zu lesen – ein großer Fehler, weil man von niemandem so gut lernen kann, wovor man sich hüten sollte, wie von denen, die selbst in die Falle getappt sind.

»Das Gerede ist die Möglichkeit, alles zu verstehen ohne vorgängige Zueignung der Sache«. Man hört etwas, denkt nicht weiter darüber nach, weil man glaubt, es schon verstanden zu haben. So unterwirft man sich der »Herrschaft der öffentlichen Ausgelegtheit«, folgt den gängigen Konventionen oder Trends, redet nach und weiter, was alle anderen auch sagen und wird dabei selbst hoffnungslos konventionell und angepasst. Heidegger: »Das Geredete als solches zieht weitere Kreise und übernimmt autoritativen Charakter. Die Sache ist so, weil *man* es sagt.«

Das geschieht übrigens auch (oder sogar gerade dann, wie das Beispiel Heideggers lehrt), wenn man von sich meint, ganz und gar nicht konventionell zu sein, sondern als Querdenker oder Rebell gegen die »Diktatur des Man« aufzubegehren. Gerade dann verstrickt man sich allzu leicht ins Gerede oder auch »Geschreibe«, weil man sich ja in Opposition zum Mainstream weiß und deshalb glaubt, der Verstrickung in Konventionen oder Gemeinplätzen zu entkommen – weil man sich deshalb im Besitz der »eigentlichen Wahrheit« wähnt.

Aber dieses Wähnen ist ein Wahn, weil es nur ein anderes Gerede ist, dem man nachrennt und das man nachbetet – und weil es nur ein anderes Man ist, dessen Diktatur man sich unterworfen hat. Die »eigentliche Wahrheit« ist weder beim Mainstream noch bei den Rebellen. Sie gibt es nur dort, wo der Mensch selbst *eigentlich* ist: wo er gerade nicht irgendwelchen Trends und Moden hinterherläuft, sondern in seinem *eigenen* Denken und Wahrnehmen verwurzelt ist – wo er sich sein *eigenes* Urteil bildet und sich die Welt *eigenständig* angeeignet hat. Heidegger sprach in diesem Zusammenhang gern von einer gesunden Bodenständigkeit. Damit meinte er ein klares Bewusstsein des *eigenen* Standpunktes, von dem aus man die Welt erschließt; und die klare Bereitschaft, sich von der Welt angehen zu lassen. Was meinte er damit?

Er meinte Folgendes: Erst wenn du so lebst, dass du dich von dem, was dir begegnet, *gemeint* weißt – wenn du zulässt, dass andere Menschen, Ereignisse oder Situationen dich persönlich angehen –, wirst du dir eine *eigene Meinung* bilden können: Dann erst lebst du eigentlich in der Welt: so dass die Welt dir zu eigen ist, weil du zulässt, dass sie sich dir zueignet und du sie dir auf deine eigene Weise aneignen kannst. Dann lebst du eigentlich, plapperst nicht einfach nur weiter, was andere sagen, und unterwirfst dich nicht gedankenlos dem Gerede derer, deren Meinung du einfach nur teilst, ohne sie je in Frage gestellt zu haben.

Nein. Zu dem, was du denkst und sagst, kann du *eigentlich* nur dann »meines« sagen, wenn du dich vorher von dem, was dir begegnet ist, *gemeint* wusstest. Nur wenn du dich von dem, was andere dir sagen oder was gerade *in* ist, so in Anspruch genommen siehst, dass du darauf deine *eigene* – deinem *eigenen* Denken entwachsene – Antwort gibst, kannst du dich rühmen, der Diktatur des Man zu entkommen und nicht dem Gerede zu erliegen. Das ist es, was wir von Heidegger lernen können: Lauf nie einer Mode oder einem Trend nach, sondern bleibe stets dein eigener Herr bzw. deine eigene Herrin. Dich mit fertigen Antworten zufriedenzugeben, ist unverantwortlich. Bewahrst du dir den Mut, deine eigene Antwort zu finden, lebst du verantwortlich.

MARTIN HEIDEGGER

(1889–1976)

Er ist mit der umstrittenste Denker des 20. Jahrhunderts. Aufgrund seiner Gefolgschaft mit den Nationalsozialisten votieren seine Gegner dafür, seine Texte nicht mehr zu lesen oder aus dem Verkehr zu ziehen; während seine Anhänger in ihm den wichtigsten Interpreten und Kritiker der Moderne feiern. Die Wahrheit liegt vermutlich irgendwo dazwischen. Fest steht, dass Heidegger mit seinem Erstlingswerk Sein und Zeit *von 1927 eine ganze Generation von Intellektuellen überall auf der Welt elektrisierte, da er darin nicht nur ein neuartiges Verständnis des Menschen skizzierte, sondern die ganze abendländische Philosophie in Frage stellte. Nach dem Zweiten Weltkrieg führte er dieses Projekt fort und sah sich als Vordenker einer geistigen Disruption, die er angesichts der Technisierung des Lebens für zwingend erforderlich hielt.*

MAN.
MAN...
MAN.

Ich und die anderen

Sollte ich kompromissbereit sein?

JA

Wenn Politik zum Thema wird, kochen schnell die Emotionen hoch. Besonders bei Familienfesten können politische Debatten zu schweren Zerwürfnissen führen. Aber nicht nur da. Auch in Partnerschaften oder Freundschaften kommt es manchmal zu echten Kontroversen, bei denen sich beide Seiten auf ihre Sicht der Dinge versteifen und kein versöhnlicher Ausgang mehr zu erwarten steht. Dann knallen die Türen oder fliegen die Fetzen, wenn nicht gar die Fäuste. Man geht unvermittelt auseinander und kann nur noch darauf hoffen, dass sich mit der Zeit die Wogen wieder glätten und am Ende doch noch eine Einigung erzielt wird.

Was dem jedoch sehr oft im Wege steht, sind nicht so sehr die kontroversen Argumente, sondern der in vielen Menschen tief verankerte Glauben, es stehe einem nicht gut zu Gesichte nachzugeben oder kompromissbereit zu sein. Vielleicht kennst du das: Du willst dir keine Blöße geben – hast dich schon zu weit hervorgewagt, um noch zurückrudern zu können, ohne den Respekt des Kontrahenten zu verlieren. Jede Form von Rückzug käme einer Niederlage gleich. Deine Ehre würde schweren Schaden nehmen, wenn du einknickst. Wenn du je so etwas dieser Art gedacht oder gefühlt hast, kannst du sicher sein, reichlich andere zu finden, denen es ebenso ergangen ist. Selbst wenn wir es gar nicht wollten, landen wir oft im Strudel unserer Angst vor Niederlagen und versteigen uns zu Thesen, Sätzen oder Taten, die wir gar nicht wollten und die uns auf Dauer schaden. Wie viele Rosenkriege endeten schon in fatalen Konstellationen, aus denen alle Beteiligten als Verlierer hervorgingen.

Als Georg Wilhelm Friedrich Hegel den kühnen Versuch unternahm, eine Theorie der menschlichen Kulturentwicklung zu formulieren, suchte er nach dem Grund dafür, wie Fortschritt möglich ist. Denn er war überzeugt, die Geschichte der Menschheit als eine Erfolgsstory lesen zu können, die sich – allen dunklen Kapiteln zum Trotz – als Wachstumsprozess deuten lasse: als eine Geschichte zunehmenden Bewusstseins, Verstehens und geistigen Durchdringens der Welt. Und er fragte sich, wie es wohl komme, dass der »Weltgeist« – so sein Ausdruck für den Geist der Menschheit, der im Zuge der Geschichte immer mehr erwacht und zu sich kommt – gradlinig nach vorne schreitet und nicht in den Zustand seiner früheren rohen Wildheit zurückfalle. Er suchte nach dem Strickmuster der geistigen Entfaltung unserer Spezies – und er fand sie im Konflikt; genauer: in der Fähigkeit des Menschen, Konflikte auszutragen und beizulegen – in der Fähigkeit, zu einer These nicht nur eine Antithese zu formulieren, sondern These und Antithese zudem in einer Synthese zu überwinden.

Hegel nannte dieses Grundprinzip des Fortschritts Dialektik. Und er sah in ihm ein universal gültiges Modell geistiger Entwicklung: Wenn immer sich in der Geschichte etwas durchsetzt – eine herrschende Elite, eine Meinung, eine Erfindung oder eine Weltanschauung, um nur ein paar Beispiele zu nennen –, wird es nicht lange dauern, bis sich jemand oder etwas findet, der oder das dem widerspricht. Dann kommt es zu Auseinandersetzungen, Konflikten oder Kriegen, die meistens dadurch enden, dass eine Seite gewinnt und den früheren Zustand wiederherstellt oder sich ein Gegenmodell durchsetzt. Aber weder das eine noch das andere bringt die Kontrahenten voran. Sie treten letztlich auf der Stelle, und es ist nur eine Frage der Zeit, bis der Konflikt von vorne losgeht.

Anders wäre es, wenn sich beide einigen, einen Kompromiss schließen, gemeinsam einen Ausweg finden: eine Synthese, die den Konflikt nicht nur beendet, sondern *aufhebt*. Hegel liebte dieses Wort, denn es hat drei Bedeutungen, die alle für das Wunder der Synthese passen: Zunächst kommt der Konflikt tatsächlich zum Erliegen – er wird beendet, aufgehoben. Sodann bleiben die streitenden Positionen darin aber aufbewahrt – sie werden aufgehoben und nicht einfach über Bord geworfen. Zum Dritten führt die Synthese die Kontrahenten auf einer höhen Ebene zusammen. Sie sind über sich hinausgewachsen – haben sich selbst auf ein höheres Niveau gehoben. Genau damit löste Hegel das Rätsel geschichtlichen Fortschritts. Jede fortschrittliche Position ist das Ergebnis eines früheren, inzwischen aufgehobenen Konflikts.

Das gilt auch für deine höchst persönlichen Auseinandersetzungen: in der Beziehung, auf der Arbeit, beim Familienfest. Zeig dich kompromissbereit. Suche die Synthese, denn am Ende wirst du dadurch ebenso gewinnen wie dein Gegner: Beide werdet ihr wachsen, reifen, größer werden. Während diejenigen, die auf ihre Sicht beharren, keine Chance auf Entwicklung haben.

Georg Wilhelm Friedrich Hegel

(1770–1831)

Hegel war zweifellos einer der einflussreichsten Denker des 19. Jahrhunderts. Er entstammt, wie so viele große Denker dieser Zeit, einem protestantisch-konservativen Elternhaus, das für ihn eine theologische Laufbahn vorgesehen hatte. So kam er ins Tübinger Stift, wo er Friedrich Hölderlin und Joseph Schelling kennenlernte, mit denen gemeinsam er zum Wegbereiter des deutschen Idealismus wurde. Allerdings dauerte es Jahre, bis Hegel seinen eigenen Weg gehen konnte. Da er sich dem Pfarramt verweigerte, musste er sich seinen Lebensunterhalt als Hauslehrer und Redakteur erwerben, bevor er erst 1816 in Heidelberg und zwei Jahre später in Berlin als Hochschulprofessor lehrte.

2
3
1

Darf ich – wenigstens manchmal – lügen?

NEIN

Philosophen lieben es, Extrembeispiele zu diskutieren. Kostprobe: Ein Unschuldiger hat bei dir Zuflucht gesucht. Da klopft es an der Tür. »Geheimpolizei – aufmachen – ist jemand bei Ihnen?« Du sagst: »Nein, keiner da!« Die Polizei rauscht ab. Und nun die Hundertausend-Euro-Frage: War das okay? Intuitiv würden wir wohl sagen: »Ja«.

Immanuel Kant, der große preußische Philosoph, sah das anders. »Es ist ein heiliges, unbedingt gebietendes [...] Vernunftgebot; in allen Erklärungen wahrhaft (ehrlich) zu sein«, notierte der Denker einst in seiner Schrift *Über ein vermeintes Recht aus Menschenliebe zu lügen*. Darin widerspricht er einem französischen Kollegen, der mit Bezug auf unser Beispiel behauptet hatte: »Die Wahrheit zu sagen, ist eine Pflicht; aber nur gegen denjenigen, welcher ein Recht auf die Wahrheit hat. Kein Mensch aber hat Recht auf eine Wahrheit, die anderen schadet« – also auf das Verpfeifen eines Unschuldigen an die Schergen des Bösen.

Wenn schon die Philosophen darüber streiten, ob man lügen darf, wie sollen erst wir Normalsterblichen mit dieser Frage klarkommen? Vielleicht, indem wir versuchen, die Begründung Kants zu verstehen. Der sagte sinngemäß: Wenn ich lüge, untergrabe ich die Grundlage jeder Gemeinschaft. Ich zerstöre Vertrauen. Wenn aber das Vertrauen zerstört ist, dann können wir keine Verträge mehr schließen, Verabredungen treffen, Freundschaften leben, Ehen führen. Lügen sind Beziehungsgift – langsam aber stetig zersetzen sie das Fundament, auf dem wir stehen. Wenn man nicht mehr weiß, was man dem anderen glauben kann, wird das Leben zur Hölle. Unter lauter Lügnern kann man nicht leben.

Nicht umsonst heißt es: »Wer zweimal lügt, dem glaubt man nicht, obwohl er doch die Wahrheit spricht.« Wende das mal auf deine Partnerschaft an. Oder auf deine Arbeitskollegen, oder deine Kinder. Du siehst sofort: Nichts geht mehr, wenn man dir nicht glaubt. Die Beziehung ist zerrüttet. Was im Augenblick vielleicht gut gemeint war, weil du jemanden schonen wolltest oder weil du dich verständlicherweise für etwas schämtest, kann fatale Folgen haben: Eine einzige Lüge kann in Sekunden zerstören, was nur über lange Zeiträume entsteht: Vertrauen. Und ohne das kann niemand leben.

Trotzdem schießt Kant ein Stück über das Ziel hinaus. Denn – um auf das Anfangsbeispiel zurückzukommen – es hat wenig Sinn, die formale Grundlage von Beziehungen zu verteidigen, wenn ich dabei eine konkrete Beziehung aufs Spiel setze: meine Angetrauten verrate oder ihr Leben gefährde. Wenn es konkret um Leib und Leben geht – zum Beispiel im medizinischen Bereich –, kann eine Lüge vertretbar sein. Es ist wie im Straßenverkehr: *Man* darf im Ort nicht mehr als 50 fahren. Nur Rettungsfahrzeuge dürfen das. Ebenso darf *man* nicht lügen. Wohl gibt es Blaulicht-Lügen. Aber nur für denjenigen, der gute Gründe hat und die Verantwortung dafür übernimmt. Was sich an der Bereitschaft zeigt, von sich aus zu einem späteren Zeitpunkt die Wahrheit nachzureichen und so den Keim zu neuem Vertrauen zu legen.

IMMANUEL KANT

(1724–1804)

Er war der größte Denker der Aufklärung. Und er hat wie kein anderer deren Geist auf den Begriff gebracht: »Sapere aude! Wage es, dich deines Verstandes zu bedienen!« war sein Slogan, und tatsächlich hat Immanuel Kant sein Lebenswerk der Erforschung und Durchdringung des Verstandes gewidmet. Er warb für ein Leben, das von vernünftigen Grundsätzen geleitet wird. Manchmal scheint dabei das preußische Pflichtbewusstsein mit dem Königsberger durchgegangen zu sein, aber seine Zeitgenossen berichten doch, dass er ein geselliger Mensch gewesen sei, der sich vor allem bei Tisch als guter Gastgeber hervortat.

Sollte ich empathisch sein?

JA

Lass uns die Sache zunächst mal rumdrehen: Möchtest du, dass andere dir mit Empathie begegnen? – Wahrscheinlich schon, oder? Empathische Menschen sind dir zugewandt. Sie nehmen dich ernst, hören dir zu und lassen sich auf dich ein. Ja, bei ihnen kannst du darauf hoffen, dass sie dich verstehen; was nicht selbstverständlich ist, denn wie jeder andere auch hast du schon oft die schmerzliche Erfahrung machen müssen, gerade da, wo es dir ganz besonders wichtig ist, nur auf Ignoranz und Unverständnis zu stoßen. Bei empathischen Menschen ist das anders. Deshalb steht Empathie heutzutage hoch im Kurs. In einer Welt, in der man oft aneinander vorbeiredet, ist sie ein echter Hoffnungsschimmer.

Es ist also wohltuend und erfreulich, wenn dir jemand mit Empathie begegnet. Aber warum solltest du mit einem anderen empathisch sein? Weil es anders ganz und gar unmöglich ist, einen anderen Menschen zu verstehen – *wirklich* zu verstehen, ihn als Person zu verstehen und nicht einfach als

Funktionsträger zu gebrauchen. Letzteres ist nämlich einfach. Beispiel: Dir begegnet im Laden eine Verkäuferin. Sie sagt dies und das, zeigt dir dieses und jenes – und ohne, dass du dir überhaupt einen Kopf machen würdest, interpretierst du alles, was sie tut und redet als Äußerungen einer Verkäuferin, die dir etwas verkaufen möchte. Du glaubst, dass du *sie* verstehst – aber du verstehst in Wahrheit gar nicht *sie*. Du verstehst sie nicht als Person, sondern allenfalls in ihrer Funktion. Und deshalb fühlt sie sich von dir womöglich unverstanden. Mit Recht, übrigens.

Jemanden als Person zu verstehen – als einmaligen, unverwechselbaren Menschen, der fühlt und denkt, sich freut und leidet, hofft und zagt – ist sehr viel schwieriger, als ihn oder sie auf eine Rolle festzulegen, einzuordnen und entsprechend zu behandeln. Letzteres werden in wenigen Jahren auch Künstliche Intelligenzen hinbekommen – als individuelle Menschen werden sie uns aber nie verstehen können. Denn dafür braucht es Empathie: die »Erfahrung von fremdem Bewusstsein«, das man nie errechnen oder rational erschließen, sondern nur fühlen kann.

Diese Definition der Empathie bzw. Einfühlung kommt von der Philosophin Edith Stein. Schon in ihrer Dissertation unternahm sie den

Versuch, philosophisch zu ergründen, was eigentlich bei der Empathie geschieht – wie es eigentlich zugehen kann, dass ich die scheinbar unüberschreitbare Kluft zwischen meinem eigenen, persönlichen Bewusstsein und dem Bewusstsein eines anderen Menschen überschreiten kann. Die Brücke, die uns eben diesen Schritt erlaubt, ist für Edith Stein der Körper. Wenn jemand errötet, vermittelt sein Leib seine Scham, wenn jemand die Stirn in Falten legt, ist das der Ausdruck seiner Sorge. »Im Klang der Stimme kann Heiterkeit oder Betrübnis, Ruhe oder Erregung, Freundlichkeit und Abweisung liegen«, schreibt sie und erklärt, dass Empathie nur dort geschieht, wo ich den Leib des anderen gewahre und die Kenntnis meines eigenen Leibes oder meiner körperlichen Reaktionen abrufe und so erschließe, wie der andere Mensch sich fühlt. Empathie geht also nur, wenn ich dem anderen mit großer Achtsamkeit begegne und zugleich ein achtsames Gespür für meinen eigenen Körper habe.

Doch selbst dann kann ich mich in der anderen Person täuschen. Ihr Innerstes – Edith Stein spricht auch von ihrer Seele oder ihrem Geist – kann sich hinter ihren Gesten oder Worten auch verbergen. Um tatsächlich eine Brücke zu der Innenwelt der anderen zu bauen, muss ich alle sinnlichen Eindrücke, die ich von ihr wahrnehme, zusammenfassen. So wie ich mir – ohne groß darüber nachzudenken – die Bedeutung eines mehrdeutigen Wortes aus dem Zusammenhang erschließe, so erschließt sich dem empathischen Menschen die Gemütsverfassung eines anderen durch eine intuitive Zusammenschau seiner Äußerungen. Wo das gelingt, ist die Brücke gebaut. Nun ist es möglich, mich wirklich in die Seele eines anderen hineinzufühlen und sie wirklich zu verstehen. Der Vorteil, den mir das bietet, ist ein doppelter: Nun sind tiefes Verständnis und echte Nähe möglich, ohne die es keine tragfähige Partnerschaft oder Freundschaft geben kann. Und dadurch, dass ich mich in die Seele eines anderen einfühlen kann, wächst meine eigene Seele groß.

EDITH STEIN

(1891–1942)

Geboren wurde sie als elftes Kind einer jüdischen Kaufmannsfamilie in Breslau, ums Leben kam sie als katholische Ordensschwester in den Gaskammern von Auschwitz. Als hochbegabte Studentin der Philosophie wurde sie nach ihrer Promotion 1917 die Assistentin des Philosophen Edmund Husserl in Freiburg. Doch da sie eine Frau war, wollte keine Universität ihre Habilitationsschrift annehmen. Eine akademische Laufbahn war ihr mithin verschlossen. Sie nahm das als Wink Gottes und entschied sich, zum Katholizismus zu konvertieren und dem Karmeliterinnenorden beizutreten. Doch auch dies rettete sie nicht vor der Ermordung durch die Nazis.

Darf ich hassen?

JA

Hassprediger, Hassbotschaften, Hassmails. Mit alledem wollen wir nichts zu tun haben. Hass ist uns verhasst, ist hässlich oder hassenswert. Denn der Hass gilt als das Gegenteil der Liebe. Und die Liebe ist's, wonach sich unsere Seele sehnt. Aber schließen Hass und Liebe sich tatsächlich aus? Sind sie völlig unvereinbar? Sicher ist kaum möglich, einer anderen Person im selben Augenblick mit Hass und Liebe zu begegnen; aber das bedeutet keineswegs, dass nicht in einem und demselben Menschen sowohl feurige Liebe als auch glühender Hass brennen können.

Dass in ihren Herzen Hass und Liebe meistens nahe beieinander wohnen, wird vor allem Frauen schon seit langem nachgesagt. »Liebe oder Hass – ein Drittes kennen Frauen nicht«, erklärte Publilius Syrus im ersten vorchristlichen Jahrhundert. Und selbst ein *Homme de femmes* wie Udo Jürgens vertrat die These: »Frauen lieben immens und sie hassen so tief«. Da fragt man sich: Ist das alles ein dummes Klischee, oder schwingt da doch ein Fünkchen Wahrheit mit?

Der Philosoph Arthur Schopenhauer hat einmal bemerkt, Liebe und Hass hätten gleichermaßen ihren »Sitz« im Herzen bzw. im Gefühl des Menschen. Bei beiden handele es sich um zwei unterschiedliche Facetten seiner Emotionalität – von der seit alters vermutet wird, dass sie bei Frauen ausgeprägter ist als bei Männern. Von daher lässt sich dann erklären, wie es kommt, dass Hass und Liebe oftmals nahe beieinander liegen und zuweilen plötzlich ineinander umschlagen: weil beide starke Emotionen sind, die in emotionalen Menschen gleichermaßen wohnen.

Sich das klar zu machen, ist nicht unerheblich. Denn es lehrt, dass Hass – genau wie Liebe – uns nicht einfach zu Gebote steht. Sie sind Widerfahrnisse, sie packen und ergreifen uns, egal ob wir das wollen oder nicht. Als Gefühle sind sie niemals unser eigenes Werk oder Erzeugnis. Ob sie kommen oder nicht, steht nicht in unserer Macht. Es entzieht sich unserem Willen. Wenn sie einmal da sind, sind sie da; und alles, was wir dann noch tun können, ist sie kultivieren, hegen, zurückhalten, verdrängen usw. Zum Verschwinden bringen lassen sie sich nicht – weder die Liebesleidenschaft noch der alles verzehrende Hass.

Aber vielleicht ist das auch gar nicht so schlimm. Wieso? Die Antwort gibt der Dichter Johann Wolfgang von Goethe: »Der Hass schadet niemanden«, sagte er, »aber die Verachtung ist es, was den Menschen stürzt«. Wie kommt er darauf? Eine Spur weist uns der schon erwähnte Schopenhauer: »Hass ist Sache des Herzens, Verachtung des Kopfs«, lehrte er, und verrät damit, warum Verachten ungleich schlimmer ist als Hassen. Die Verachtung ist ein Akt des Willens. Für sie gibt es immer gute Gründe, sie ist rational. Hass dagegen wogt durch unsere Glieder, und wir wissen manchmal selber nicht, warum. Wer gehasst wird, darf von daher immer darauf hoffen, dass der Wind der Emotionen wieder dreht. Wen jedoch Verachtung trifft, um den ist es meist geschehen.

Leben heißt verbunden sein. Verachtung aber schneidet jegliche Verbindung ab. Hass hingegen hält die Bindung an den anderen Menschen aufrecht – zwar hinter einem negativen Vorzeichen, aber am Ende ist die negative Verbundenheit immer noch besser, weil menschlicher, als gar keine Verbundenheit: der glühende Hass humaner als die eiskalte Verachtung.

ARTHUR SCHOPENHAUER

(1788–1860)

Er war nicht unbedingt ein Menschenfreund. Wenn Arthur Schopenhauer sich über seinen Pudel ärgerte, nannte er ihn nicht wie sonst »Atman«, sondern »Mensch«. Seinen Zeitgenossen galt er als Misanthrop. Auch Frauen war der notorische Junggeselle nicht wirklich wohlgesonnen. Als Philosoph fand Schopenhauer gleichwohl Anerkennung, obwohl er zeit seines Lebens kein Universitätsprofessor war, sondern ›nur‹ Privatgelehrter. Goethe war ein früher Leser seiner Werke, Nietzsche las ihn mit Begeisterung und auch Richard Wagner war ein früher Schopenhauer-Fan.

Arbeit und Freizeit

Ist es wichtig, etwas Eigenes schaffen zu wollen?

JA

Den Schwaben sagt man nach, dass sie Häusle-Bauer sind und sich deshalb unbedingt irgendwann ein Eigenheim schaffen müssen. Viele junge Menschen träumen heute davon, ihr eigenes Start-Up-Unternehmen zu bauen. Andere wachen eines Morgens – meistens in der Mitte ihres Lebens auf – und haben das dringende Bedürfnis, ihr eigenes Buch zu schreiben. Irgendetwas erschaffen, etwas Eigenes hervorbringen – etwas, das man seinen Nachkommen hinterlassen kann: Das scheint ein urmenschliches Bedürfnis zu sein. Dass es aber nicht nur ein Bedürfnis ist, sondern vor allem ein Zeichen geistiger und seelischer Gesundheit, war die Überzeugung Friedrich Nietzsches.

»Schaffen – das ist die große Erlösung vom Leiden, und des Lebens leicht werden«: So hat es Nietzsche seiner philosophischen Romanfigur Zarathustra in den Mund gelegt – demselben Zarathustra, der am Ende seines Meisterwerkes *Also sprach Zarathustra* voller Inbrunst ruft: »Ich trachte nach meinem Werke!« So hat es auch Nietzsche selbst gehalten: Ein Werk nach dem anderen hat er geschrieben, obwohl er ständig unter schrecklicher Migräne litt; bis er nicht mehr konnte, zusammenbrach und im Wahnsinn endete. Dennoch hat er der Nachwelt eines der bedeutendsten philosophischen Werke aller Zeiten hinterlassen. Er war ein Schaffender. Das war es, was ihn lange Zeit am Leben hielt. Das war es, was ihn zu einem großen Menschen machte.

Dabei wusste Nietzsche sehr genau, wie hoch der Preis ist, den ein Schaffender zu zahlen hat: »Aber dass der Schaffende sei, dazu selber tut Leid not und viel Verwandlung«, lässt er seinen Zarathustra sagen. Und mehr noch: »Ja, viel bitteres Sterben muss in eurem Leben sein, ihr Schaffenden!« Warum? Weil Schaffen immer heißt, das Alte hinter sich zu lassen. Wenn du ein neues Haus errichten willst, muss du erst ein altes Haus abreißen oder ein Stück Natur zerstören. Wenn du erfolgreich ein Unternehmen auf dem Markt platzieren willst, musst du ein anderes vom Markt verdrängen. Wenn du ein Kunstwerk schaffen willst, musst du bereit sein, dich während der Arbeit selbst zu verwandeln. Oder anders gesagt: Wenn du wirklich etwas Eigenes schaffen möchtest, musst du zugleich bereit sein, das, was du bisher für dein Eigenes hieltest, sterben zu lassen und aufzugeben.

Schaffen, das wirklich etwas Neues schafft und nicht nur einfach irgendetwas nachbaut oder kopiert, ist deshalb immer eine riskante Sache, bei der du dich und alle deine liebgewonnenen Gewohnheiten aufs Spiel setzt. Wenn du wirklich etwas schaffen willst, musst du nicht nur dein Bestes geben – *hergeben* –, sondern auch über dich hinausgehen. Neues schaffen und dabei der oder die Alte zu bleiben, geht nicht – wenn wir Nietzsche folgen. Oder wenn wir Nietzsches Liebe auf uns lenken wollen. Denn er sagte: »Ich liebe Den, der über sich selber hinaus schaffen will und so zu Grunde geht« – als ob er damit sein eigenes Schicksal vorausgeahnt hätte.

Dass der Weg des Schaffenden kein leichter Weg ist, wusste Nietzsche also nur zu gut. »Der schlimmste Feind, dem du begegnen kannst, wirst du immer dir selber sein«, schreibt er. Manchmal spricht er auch vom »Geist der Schwere«, der dir gleichsam auf der Schulter hockt und dir »Bleitropfen-Gedanken« ins Hirn träufelt: Du kannst das nicht, du schaffst das nicht, du bist nicht gut genug. Diesen Geist der Schwere nannte Nietzsche seinen »Todfeind« – und mit gutem Grund, denn wo der Geist der Schwere dich bezwingt, stirbst du den schlimmsten aller Tode: Du verwandelst dich in einen Schatten, der zwar irgendwie noch weiterlebt, dabei aber seine eigentliche Lebendigkeit verloren hat. Dann wirst du zu einer Art Zombie, der sich damit zufrieden gibt, gelegentlich eine Kreuzfahrt zu unternehmen, sich von Zeit zu Zeit ein neues Auto zu kaufen, ein bisschen Geld anzusparen und möglichst lange zu leben. Dann wirst du zu dem, was Nietzsche einen »letzten Menschen« nannte: »Man hat sein Lüstchen für den Tag und sein Lüstchen für die Nacht: aber man ehrt die Gesundheit«. Von den letzten Menschen gibt es heute viele. Viele sind dem Geist der Schwere erlegen und ziehen es vor, nichts mehr zu schaffen und bequem durchs Leben zu schleichen. »Die Erde ist dann klein geworden und auf ihr hüpft der letzte Mensch, der alles klein macht«, klagt Nietzsche.

Möchtest du so enden – als ein »letzter Mensch«, als ein kleiner Mensch? Oder bist du nicht auch ein Lebewesen, das wie alle anderen auch nach Größe strebt: das über sich hinauswachsen und etwas hinterlassen möchte? Ein Werk! Dann lass dir von Nietzsche sagen: »Es ist an der Zeit, dass der Mensch sich sein Ziel stecke. Es ist an der Zeit, dass der Mensch den Keim seiner höchsten Hoffnung pflanze.« Es ist an der Zeit: Ja, schaff' was!

ZIEL

FRIEDRICH NIETZSCHE

(1844–1900)

Sein Leben war von Krisen überschattet. Er war gerade erst fünf Jahre alt, da starb überraschend sein Vater. Gleichwohl begann er einen gradlinigen und ungewöhnlich steilen Aufstieg: Er absolvierte erfolgreich das Elitegymnasium Schulpforta bei Naumburg und wurde nach wenigen Studienjahren im Jahre 1869 mit nur 25 Jahren zum Professor für klassische Philologie in Basel berufen. Es begannen schöpferische Jahre, die stark durch Nietzsches Freundschaft mit Richard Wagner geprägt waren, aber durch den Einsatz im Deutsch-Französischen Krieg überschattet wurden. Ab 1878 verschlechterte sich sein Gesundheitszustand dramatisch. Nietzsche sah sich gezwungen, seine Lehrtätigkeit aufzugeben und arbeitete nun als freier Autor, ständig auf Reisen, von denen er sich Linderung seiner Migräneanfälle versprach. 1889 erlitt er in Turin einen geistigen Zusammenbruch, von dem er sich nicht mehr erholte.

Muss ich meine Arbeit lieben?

NEIN

Genau genommen ist die Frage falsch gestellt. Denn »müssen« und »lieben« passt nicht gut zusammen: »Lieben müssen« geht nicht, denn die Liebe ist – allen »Liebesgeboten« zum Trotz – nicht Gegenstand unseres Wollens oder unseres bewussten Entscheidens. In die Liebe, so sagt die englische Sprache treffend, fällt man (»to fall in love«) oder man wird von ihr wie von einem Pfeil getroffen, wie es das alte Bild vom Liebesgott Amor oder auch Cupido suggeriert.

Wenn »lieben müssen« nicht geht, dann kann man aber doch fragen, ob es mir guttut oder guttäte, meine Arbeit zu lieben. So scheint es, aber auch diese Frage ist bei näherer Betrachtung falsch gestellt. Denn sie erweckt den Eindruck, meine Arbeit wäre ein Gegenstand, zu dem ich mich entweder liebend oder nicht-liebend verhalten könnte – so wie ich mich zu meinem Hund, Nachbars Kindern oder Omas Garten unterschiedlich verhalten kann. Mit der Arbeit hat es aber eine andere Bewandtnis, weil sie Ausdruck, Vollzug oder Bekundung meiner selbst ist und folglich gar nicht von mir getrennt werden kann. Danach zu fragen, ob ich meine Arbeit lieben muss oder sollte, ist somit Ausdruck eines Missverständnisses. Des Missverständnisses, dass sich mein Ich und meine Arbeit irgendwie auseinanderdividieren lassen.

Trotz dieser Bedenken ist die Frage nicht falsch oder dumm. Denn irgendwie kann es ja nicht verkehrt sein, danach zu fragen, wie oder mit welcher inneren Haltung man seine Arbeit tun sollte. Und so haben auch die Philosophen und Weisen unserer Kultur immer wieder solche Fragen aufgeworfen. Einer von ihnen war Lucius Annaeus Seneca, ein römischer Staatsmann und Gelehrter, der in seinen Schriften bis heute lesenswerte Ratschläge für ein glückliches und gutes Leben gab; auch zum Thema Arbeit.

Seneca stand in der Tradition der sogenannten stoischen Philosophie, deren Grundgedanke sich auf eine einfache Formel bringen lässt: Ein gutes Leben ist ein naturgemäßes Leben – ein Leben, bei dem wir sowohl der Natur außerhalb unserer als auch unserer eigenen Natur entsprechen. Das heißt: Nicht unsere Wünsche, Ideen oder Ideale sind für das Gelingen unseres Lebens maßgeblich, sondern die schlichte Realität unseres konkreten, wirklichen Seins, ja natürlichen Seins. Angewandt auf die Arbeit konnte Seneca deshalb sagen: »Eine Arbeit, die dir nicht gemäß ist, ist sinnlos.«

Dieser Satz von Seneca kann uns die Richtung weisen, wenn wir wissen wollen, wie wir uns sinnvollerweise zu unserer Arbeit verhalten sollten: eben nicht so, als sei die Arbeit etwas uns Äußerliches, das wir lieben können oder eben nicht, sondern als Ausdruck unserer konkreten Persönlichkeit. Anders gesagt: Deine Arbeit, das bist du! Und es kommt alles darauf an, dass sie wirklich zu dir passt: dass sie dich weder unterfordert noch überfordert; dass sie dir die Ressourcen verschafft, die du wirklich brauchst; dass du dich mit ihr identifizieren kannst; dass sie dir erlaubt, dein Bestes zu geben.

Und damit kommt nun auch die Liebe wieder ins Spiel. Denn die Liebe ist das Beste, was du geben kannst. Nicht, dass du deine Arbeit liebst, ist für ein gutes Leben ausschlaggebend, sondern dass deine Arbeit Ausdruck deiner Liebe ist – dass du ganz in dem aufgehst, was du tust; dass du mit deiner Arbeit verbunden bist und dass sie dir verbindlich ist; dass du mit Leidenschaft bei deiner Arbeit bist – was immer auch bedeutet, dass du dich bei alledem nicht selbst zu wichtig nimmst. Wer stolz verkündet, dass er seine Arbeit liebt, bekundet damit meistens seine Egozentrik. Wer voller Liebe seine Arbeit tut, hat beste Aussichten, erfüllt und glücklich Mensch zu sein.

Lucius Annaeus Seneca

(1–65 n. Chr.)

Geboren wurde Seneca in Spanien, doch er war ein Römer durch und durch. In Essays, Theaterstücken und Briefen legte er seinen Zeitgenossen die Werte und Tugenden des römischen Geistes nahe. So nimmt es nicht wunder, dass er der meistgelesene Autor seiner Zeit war. Nur einer wollte nicht auf ihn hören: Ausgerechnet sein prominentester Schüler, der spätere Kaiser Nero, verschloss sich nicht nur den Worten seines Lehrers, sondern nötigte diesen letztlich zum Freitod, als der Philosoph dem Imperator zu unbequem wurde.

Muss ich mit Leuten meine Freizeit verbringen, auch wenn ich sie nicht mag?

JA

Der Philosoph Hans-Georg Gadamer ist 102 Jahre alt geworden. Anlässlich seines hundertsten Geburtstags wurde er von diversen Journalisten interviewt, und stets bekam er dieselbe Frage gestellt: »Herr Professor, wie wird man hundert Jahre alt?« Und stets gab Gadamer dieselbe Antwort: »Ich habe zeit meines Lebens das Gespräch mit jungen Leuten gesucht und mich für sie interessiert.« So oder so ähnlich sprach der greise Denker. Bemerkenswert daran ist, dass er nicht davon sprach, seine Zeit nur mit Menschen zugebracht zu haben, die er mochte. Nein, er suchte das Gespräch mit jedermann – denn jedes Gespräch öffnete in seinen Augen neue Perspektiven, ließ ihn reifen ... und dabei doch jung bleiben.

Natürlich *musst* du deine Freizeit nicht mit Leuten verbringen, die du nicht magst. Aber du solltest es tun, wenn dir daran gelegen ist, deine Potenziale zu entfalten und groß zu werden. Auch das *musst* du nicht. Es steht dir frei, dich nicht weiterzuentwickeln und ewig die (oder der) zu bleiben, die (oder der) du schon bist. Es steht dir frei, dir einzubilden, dass du so, wie du jetzt gerade bist, für immer bleiben kannst und dass dir nichts und niemand irgendwas zu sagen hätte – außer, dass er dich in deinem So-Sein, wie du nun gerade bist, wertschätzt und bestätigt. Klar, das tut nicht weh und ist bequem. Doch nirgends steht geschrieben, dass ein gutes Leben eines ist, das dir nicht weh tut und das jederzeit und immerfort bequem ist.

Weise Menschen – wie Gadamer – wissen, dass es anders ist. Sie wissen, dass wir die Begegnung mit den Anderen brauchen; und zwar gerade mit denen, die uns fordern, die uns in Frage stellen, die anderer Meinung sind als wir und die wir problematisch finden. Oder gar *anstößig*. Ein schönes Wort, das zu erkennen gibt, dass oft das, was wir anstößig finden, den Anstoß für wichtige Fortschritte unseres inneren seelischen Wachstums gibt. Gadamer wurde deshalb nicht müde zu betonen, dass nichts für ein erfülltes Menschsein so wichtig ist, wie sich immer neu auf die Begegnung mit anderen einzulassen und auch dann die Verständigung mit ihnen zu suchen, wenn sie anders ticken als wir. Denn wo wir uns mit anderen – mit solchen, die wirklich anders sind – verständigen, so Gadamer, da weitet sich der Horizont des Geistes und des Herzens. Da wächst deine Seele. Da wirst du groß und lebendig.

Letztlich musst du wissen, was du willst: ob es dir im Leben darum geht, immer die (oder der) zu bleiben, die (oder der) du schon geworden bist – oder ein großer Mensch zu werden; dich in der Komfortzone einzurichten und nur mit denen umzugehen, die du magst; oder ob du bereit bist, dich hinaus zu wagen und in der Begegnung mit Anderen das Potenzial deiner Seele ans Licht zu bringen.

Gadamer hat in einem späten Vortrag deutlich gemacht, dass es sich bei diesen Fragen nicht um rein private Angelegenheiten handelt. Die Bereitschaft, sich auf Andere und Fremde einzulassen, war in seinen Augen das eigentliche Geheimnis der europäischen Kultur. Denn die großen Blütezeiten unseres Kontinents gab es immer dann, wenn sich die Menschen in Europa für die anderen interessierten – sogar da noch, wo man sie als Feinde sah. So war es nicht zuletzt die Konfrontation mit den muslimischen Kriegern des Mittelalters, die Europa dazu brachte, seine Identität zur Entfaltung zu bringen. Und heute, in einer multikulturellen Gesellschaft, gilt erst recht, dass es für unser soziales Miteinander unverzichtbar ist, unsere Freizeit auch mit solchen Menschen zu verbringen, die uns fremd und manchmal sogar unheimlich sind; oder die wir schlicht nicht leiden mögen – anstößig finden, denn gerade sie können der Anstoß zu einem lebendigen Menschsein sein.

Hans-Georg Gadamer

(1900–2002)

Er gehörte zu den wenigen Menschen, die in drei Jahrhunderten lebten. Hans-Georg Gadamer hatte allein schon deshalb einen weiten Horizont – vor allem aber, weil er immer das Gespräch mit anderen Menschen suchte. Das war auch das Kernthema der von ihm begründeten und weltweit viel beachteten »Philosophischen Hermeneutik«, die sich mit dem Wunder des Verstehens befasst. Verständigung und Dialog schienen ihm die wichtigsten Säulen eines wahrhaft menschlichen Lebens zu sein.

Ist es okay, seine Zeit mit Spielen zu vertrödeln?

JA

Es soll Eltern geben, die es nicht gern sehen, wenn ihre Kinder stundenlang spielen. »Die könnten sich doch auch mal nützlich machen«, heißt es dann. Womit gemeint ist, dass sie im Haushalt mithelfen oder die leeren Flaschen zum Container bringen könnten. Es soll auch Ehefrauen geben, die es nicht gern sehen, wenn ihre Gatten stundenlang vor der Glotze hängen, um sich Fußballspiele anzuschauen. »Die könnten doch auch mal etwas Sinnvolles machen«, lautet dann der Vorwurf. Womit gemeint ist, dass der Rasen schon seit Tagen darauf wartet gemäht zu werden und der Wagen eine Wäsche nötig hätte. Ja, es soll auch Chefs in Unternehmen geben, die es gar nicht gerne sehen, wenn die Mitarbeiter ihre Pause etwas in die Länge ziehen, weil das Kicker-Match in der Kantine noch nicht entschieden ist. Langer Rede kurze Sinn: Auf der Werteskala vieler Menschen steht die Arbeit deutlich vor dem Spielen. »Erst die Arbeit, dann das Vergnügen«, sagt nicht zufällig der Volksmund.

Wenn es in der funktionalen Lern- und Arbeitswelt von heute hier und da mal eine Ausnahme gibt, dann nur, weil kluge Pädagogen und Motivationstrainer entdeckt haben, dass uns Menschen vieles leichter fällt, wenn es in spielerische Settings eingebaut ist. Deshalb boomen Lernspiele für alle Altersklassen, deshalb machen sich viele Unternehmen die Methode der *Gamification* zunutze: Man inszeniert Arbeitsprozesse wie Spiele und hofft, die Menschen dadurch mehr zu motivieren. Aber dass ein Kind oder gar ein Erwachsener einfach nur so vor sich hin spielt, Kartenhäuser baut, im Keller die elektrische Eisenbahn betreibt, sich mit Freunden auf dem Bolzplatz oder mit Freundinnen zum Bridge trifft, ist eigentlich nicht vorgesehen. Auch die Skatrunde am Stammtisch deutscher Kneipen ist inzwischen Geschichte. Nur in einem Land im großen Reich der Spiele herrscht noch immer Goldgräberstimmung: in der Welt der Computer- oder Online-Spiele.

Aber diese Spiele waren gerade nicht gemeint, als Friedrich Schiller 1793 in seinen *Briefen über die ästhetische Erziehung des Menschen* notierte, der Mensch sei überhaupt nur da ganz Mensch, wo er spielt. Dieser Satz ist seither oft zitiert worden – was aber nicht heißt, dass er immer auch verstanden worden wäre. Denn was Schiller meinte, als er seinen Lobgesang aufs Spiel anstimmte, ist nicht ganz leicht zu verstehen. Spielen ist für Schiller eng verknüpft mit Schönheit. Spiele, die nicht schön sind, sind in seinen Augen keine Spiele. Doch was soll das heißen? Es soll heißen, dass der Mensch im Spiel sich eine Welt erschafft, die nur sich selbst genügt und keinem anderen Zweck oder Interesse dient als einzig dem, ein schönes Spiel zu sein. Menschen spielen eigentlich nur dann, meint Schiller, wenn sie um des Spielens willen spielen und dabei kein anderes Ziel verfolgen, als ihr Spiel zu spielen. Natürlich wollen sie bei Gewinnspielen gewinnen, bei Glücksspielen Glück haben, bei Geschicklichkeitsspielen ihr Können zeigen und bei Schauspielen etwas darstellen. So gebietet es die Logik dieser Spiele. Aber diese Logik reicht nur so weit wie das Spielfeld und sie gilt nur so lange, wie die Spielzeit dauert. Danach ist das Spiel vorbei und das ›normale‹ Alltagsleben findet seine Fortsetzung. Bis zum nächsten Spiel, in das die Spieler für eine Weile eintauchen, um etwas zutiefst Sinnvolles und Schönes zu tun, gerade weil es nach Maßgabe der funktionalen Alltagswelt vollkommen nutzlos ist. Schön sind Spiele dann, wenn sich in ihnen eine andere Welt auftut, die von der Welt der Funktionalität und Nützlichkeit klar abgegrenzt ist. Deshalb haben schöne Spiele immer eine Grenze und ein Ende. Wo die Grenzen unklar werden, wie bei endlosen Online-Spielen, büßen Spiele ihre Schönheit ein, denn sie können dann kein in sich abgeschlossenes Ganzes mehr sein. Stattdessen erzeugen sie Abhängigkeiten. Grenzenlose Spiele ohne klares Ende sind gefährlich.

Seine Zeit mit etwas verbringen, bei dem kein Output produziert werden muss; etwas tun, das sich vollkommen selbst genügt – das weder effizient noch profitabel sein muss: Das ist nicht nur schön, sondern auch zutiefst menschlich. Denn Menschen sind nicht dafür da, als Instrumente irgendwelchen Zielen, Strategien oder Kennzahlen dienstbar zu sein. Die Würde des Menschen bemisst sich weder nach einem Nutzen noch nach einem Zweck. Menschen haben einen Wert an sich, genau wie Spiele. Deshalb ist der Mensch nur da ganz Mensch, wo es ihm freisteht, etwas völlig Nutzloses zu tun: als Kind im Spielzimmer eigene Welten zu erschaffen, miteinander zu kicken, Doppelkopf zu spielen, zu jonglieren, musizieren, improvisieren. Schöne Spiele gibt es Gott sei Dank genug.

FRIEDRICH SCHILLER

(1759–1805)

Erst studierte er Jura, dann Medizin – aber eigentlich wollte er immer nur Dichter werden. Und das wurde er. Mit seinem Erstlingswerk Die Räuber *von 1782 wurde er über Nacht berühmt – und verfemt. Denn die württembergische Obrigkeit zürnte dem Autor. Schiller musste aus der Heimat fliehen und irrte einige Jahre durch Ostdeutschland, bis er in Weimar nicht nur eine neue Heimat fand, sondern auch Goethe traf, mit dem er fortan innig verbunden blieb. Zum Philosophen wurde er durch seine Arbeiten zur Ästhetik. Nachdem er bereits 1791 an Tuberkulose erkrankt war, starb Schiller mit nur 45 Jahren im Mai 1805.*

Partnerschaft und Freundschaft

Gibt es den idealen Partner für mich?

JA

Irgendwann vor langer Zeit, ganz am Anfang, da waren die Menschen kugelrund. Sie hatten vier Arme und vier Beine, aber nur einen Rumpf und einen Kopf. Sie waren beiderlei Geschlechts, denn ihre Geschlechtsorgane waren nicht getrennt. Noch nicht. Denn eines Tages wollten jene Kugelmenschen den Thron der Götter stürmen. Da schleuderte Zeus seinen mächtigen Blitz und spaltete die Kugelmenschen in zwei Hälften. Es trennten sich zwei Arme von zwei Armen, zwei Beine von zwei Beinen und das Geschlecht des Männlichen von dem des Weiblichen. Seit diesem folgenschweren Blitzschlag gibt es Frauen und Männer. Und seitdem irren sie verzweifelt durch die Welt und suchen, suchen ständig ihre andere Hälfte – die bessere, vielleicht; auf jeden Fall jedoch die Hälfte, die eigentlich zu ihnen selbst gehört.

Die Geschichte ist skurril. Wie sollte es auch anders sein, stammt sie doch von dem Top-Comedian der alten Welt: von Aristophanes, dem großen Athener Komödiendichter. Das heißt: Wahrscheinlich stammt sie nicht von ihm, sondern vom Philosophen Platon, der sie dem Aristophanes in einem seiner Meisterdialoge in den Mund legt. Der Text heißt *Das Gastmahl*, im griechischen Original *Symposion*, und er erzählt von der Zusammenkunft einiger trinkfester Herren, die sich darüber unterhalten, wer und was der Eros sei: der Gott der leidenschaftlichen Liebe, auch bekannt als Bogenschütze, von dessen Pfeilen getroffen ein jeder Mensch sich unweigerlich verlieben muss.

Die skurrile-lustige Geschichte von den Kugelmenschen soll also erklären, wer und was der Eros ist: die Sehnsucht nach der verlorenen »besseren Hälfte«, die irgendwo da draußen in der Welt zu finden sein muss; die Sehnsucht nach dem Menschen, in dessen Nähe wir das finden, was wir alle suchen: dieses Gefühl daheim zu sein ... und ganz ... und rund ... und glücklich. Das Tröstliche, vielleicht auch Kühne, der Geschichte ist: Sie behauptet, die Suche könne erfolgreich sein; die andere, verlorenen Hälfte sei noch da. Die Kunst bestehe nur darin, sie auch zu finden.

Wie aber soll das gehen? Durch eine Anzeige im Internet auf Parship oder Tinder? Durch langwierige Recherchen? Durch das altbewährte Prinzip von *Trial and Error* (Versuch und Irrtum)? Das gerade nicht, behauptet Platon, der deshalb auch dem

Aristophanes und seinen Kugelmenschen nicht das letzte Wort gibt. Nach ihm lässt er noch andere ihre Rede auf den Eros halten, darunter Sokrates, der zu erkennen gibt, dass ihm die Sache mit der besseren Hälfte gar nicht behagt. Er sagt, die Liebe – Eros – sehne sich in Wahrheit gar nicht nach dem *einen* Unbekannten, von dem wir glauben, erst in seiner Nähe ganz zu sein. Vielmehr sei Eros Sehnsucht nach Vollkommenheit und Schönheit – und deshalb ist für uns ein jeder Partner ideal, wenn wir in ihm etwas entdecken, das uns berührt und inspiriert, unser Bestes zu geben.

Das heißt: Die Weisheit Platons sagt: Es macht keinen Sinn, darauf zu spekulieren, das irgendwann der eine Andere auftaucht, der wie mein Topf zu meinem Deckel passt. Entscheidend ist vielmehr, was mir ein Mensch zu sagen hat: ob er durch seine pure Gegenwart in mir die Lust nach Wachstum und Entwicklung weckt; ob er mich anspornt, in seiner Nähe zu dem zu werden, der ich jetzt noch nicht bin, aber der ich noch werden könnte; der in mir jene Sehnsucht weckt, ein gutes, schönes, sinnvolles Leben zu führen. Wer mich dazu bewegt und inspiriert – der ist mein idealer Partner. Und einen solchen gibt es immer; vorausgesetzt, ich bin bereit, von ihm entdeckt zu werden – von ihm getroffen zu werden, wie vom Pfeil des Eros.

PLATON

(428–348 v. Chr.)

Der Philosoph Alfred N. Whitehead sagte einst, die ganze europäische Philosophie sei nur eine Sammlung von Fußnoten zu Platon. Und der Dichter Hölderlin rief aus: »Heiliger Platon vergib, man hat schwer an dir gesündigt!« Fest steht: Kein anderer Philosoph hat so viel Einfluss auf den Geist des Abendlandes genommen wie Platon, und keiner wurde so oft missverstanden. Gerade was die Liebe angeht. Man schiebt ihm die keimfreie »platonische Liebe« in die Schuhe. In Wahrheit liebte er den Eros mit Sinn und Sinnlichkeit – war er doch für ihn die Kraft, die den Menschen mit Gott verbindet und den er deshalb als Schutzgeist der Philosophen huldigte.

Sollen wir zusammenbleiben – auch wenn die Erotik weg ist?

JA

Lass uns die Sache herumdrehen und fragen: Warum sollten wir uns trennen, wenn die Erotik weg ist? Was könnte uns zu einem solchen Schritt verleiten? Dass dieses Kribbeln im Bauch verebbt? Dass dieses Hochgefühl knisternder Lebendigkeit in uns erlahmt? Dass die sexuelle Lust versiegt? Kurz: dass das Miteinander nicht mehr ganz so spannend ist und nicht mehr so viel Spaß macht wie am Anfang? Okay, das könnten Gründe für die Trennung sein. Doch seien wir mal ehrlich: Sind die Gründe auch plausibel?

Fragen wir ein bisschen weiter: Was ist eigentlich der Sinn und Zweck von einer Partnerschaft: Kribbeln im Bauch? Knistern im Herz? Spaß im Bett? – Willst du meine Antwort? Sie lautet: Nein! Nein, das alles ist ganz nett, aber das kannst du auch ohne Partnerschaft haben. Ganz davon abgesehen bringt es dich nicht weiter. Wer in der Partnerschaft nichts anderes sucht als Spaß und Lust und Unterhaltung, hat nicht verstanden, worum es eigentlich geht. Denn er – oder sie – verhält sich wie ein Konsument: wie ein Verbraucher, der seinen Partner erst *ge-* und dann *ver*braucht, um seine Bedürfnisse zu befriedigen; und der den Partner dann schon mal beiseitelegt, wenn es mit der Bedürfnisbefriedigung nicht mehr so ganz klappen will.

Wer so lebt, sitzt einem Irrtum auf: dem Irrtum, Leben sei Bedürfnisbefriedigung und es komme nur darauf an, das zu bekommen, was man will. Das ist ein Irrtum, weil er dich um das betrügt, was Leben wirklich ist: ein Reifen und Gedeihen, bei dem es darum geht, zu erblühen und Frucht zu tragen. Das aber setzt voraus, dass du die Welt, in der du lebst, und die Menschen, die du triffst, nicht als Mittel zum Zweck deiner Wunscherfüllung missbrauchst, sondern als ein Gegenüber wahrnimmst, an dem du zu seelischer Größe wachsen kannst. Das aber geht ganz sicher nicht, wenn du gleich den Abgang machst, wenn dir der Spaß- und Lustfaktor abhandenkommt.

Das Thema, das im Raume steht, heißt Treue – ein schönes Wort, das aber viele Menschen innerlich zusammenzucken lässt. Es klingt ein bisschen altmodisch und ist dabei doch völlig zeitgemäß. Denn wenn es stimmt, dass wir in einer Multioptionsgesellschaft leben, in der uns alle Möglichkeiten offenstehen, dann wird die Treue immer mehr zum einzigen Floß, das uns im Meer der Möglichkeiten vorm Ertrinken retten kann.

Treue ist notwendig, weil nur die Treue dich mit deinem eigenen Sein verbindet und in deinem Leben erst dadurch die Verbindlichkeit erzeugt, die du brauchst, um dich selbst nicht zu verlieren. Treue verbindet dich mit allem, was deine Persönlichkeit ausmacht, was dich zu dem gemacht hat, was du heute bist: mit deiner Herkunft, deinem Lebensweg und deiner Lebensmelodie; vor allem aber auch mit jenen Menschen, denen du dich hingegeben hast, als der Eros dich ergriff und die Erotik zwischen euch glühte.

Von diesen Menschen kannst du dich nicht mehr trennen. Sie sind ein Teil von dir, den du nicht verleugnen solltest, wenn du deine Seele wachsen lassen willst. »Treulos«, notierte der Philosoph Karl Jaspers, »ist es, wenn ich in falscher Ruhe mir mein Recht konstruierend, den Menschen oder eine Sache als erledigt liegenlasse, als ob sie nicht gewesen wären. Treue verlangt die Unruhe, die den Weg an den Grund findet, in dem die Bindung vertieft, nicht gelockert oder verraten wird.« Vertiefte Bindung lässt dich gründlich leben – Verbindlichkeit und nicht Konsum. Dafür ist Treue wichtiger als Trennung. Und wenn ihr dem allem zum Trotz doch nicht zusammenbleiben wollt oder könnt, dann seid ihr gut beraten, einander auch noch in der Trennung treu zu bleiben, weil ihr euch nur so selbst die Treue haltet.

KARL JASPERS

(1883–1969)

Er war nicht nur ein Philosoph, sondern auch ein Arzt. Schon daran erkennt man, dass es Karl Jaspers bei all seinem Denken und Tun um das Wohlergehen des Menschen ging. Sein großes Thema nannte er die »Existenzerhellung«, das Projekt, mit Hilfe des Denkens die grundlegenden Aspekte aufzudecken, die ein wahres und erfülltes Menschenleben ausmachen. Doch ließ er es nicht dabei bewenden. Nach dem Zweiten Weltkrieg wandte Jaspers sich verstärkt politischen Themen zu und wurde zu einem entschiedenen Verfechter der Demokratie.

Darf man mehrere Menschen gleichzeitig lieben?

JA

Ja, man kann; ja, man darf. Ja, man sollte sogar. Das jedenfalls lehrt eine weise Frau: Diotima von Mantineia. Sie war in der Antike eine hoch angesehene Priesterin und Heilerin; und sie war nach dem Zeugnis Platons die Lehrerin des Sokrates, der von keiner anderen als ihr gelernt habe, was es mit dem Eros auf sich hat: der Liebe, so wie man sie im alten Griechenland verstand und lebte.

Eros ist für Diotima die leidenschaftliche, hingebungsvolle Liebe. Eros ist das Feuerwerk der Verliebtheit, das Hingerissen- und Ergriffensein von einem geliebten Menschen. Er ist ein Widerfahrnis, das über den Menschen kommt wie ein Sturmwind und ihn über sich hinausträgt hin zum Geliebten, zur Angebeteten.

Aber dabei bleibt es nicht. Die wichtigste Einsicht, die man von Diotima lernen kann, ist: Eros entwickelt sich, er wächst und reift im Laufe eines Lebens. Dann trägt er den Menschen weiter, öffnet das Herz auch für andere, für die Umwelt, die Natur. Ja, er bringt es am Ende so weit, dass wir uns in die Welt und das Leben im Ganzen verlieben – ein Zustand, den jeder kennt, der im Überschwang des Liebesglücks einmal fühlte: »Ich kann die ganze Welt umarmen!«

Und das schließt andere Menschen ein. »Am Anfang verlieben wir uns in nur einen schönen Körper«, erklärt sie; doch im Laufe der Zeit entdecken wir, dass es auch andere schöne Leiber gibt; und dass in diesen schönen Leibern schöne und liebenswerte Seelen wohnen. Und sie lässt keinen Zweifel daran, dass es töricht wäre, sich von diesen schönen und liebenswerten Leibern und Seelen nicht hinreißen zu lassen. Nur kommt es darauf an, ihnen mit einem gereiften, erwachsenen Eros begegnen – einer Liebe, die sich freigemacht hat davon, die Objekte unserer Liebe in unseren Besitz bringen zu müssen.

Der Reifungsweg des Eros führt nach Diotimas Weisheit in eine andere Richtung: Je größer das Herz, je reifer die Liebe, je erwachsener der Eros – desto geringer der Drang zu besitzen, zu haben, zu klammern. Der Weg der Liebe ist ein Weg in die Freiheit – und je weiter ein Mensch auf ihm voranschreitet, desto unbefangener wird er sein Herz verschenken können; selbst da, wo er in einer Partnerschaft gebunden ist.

Vor allem dann ist es aber wichtig, sich genau zu prüfen: Wie reif ist mein Eros wirklich? Liebe ich, ohne besitzen zu wollen? Bin ich wirklich beim anderen, oder bin ich doch nur auf einem getarnten Egotrip? Die Antwort kannst du leicht ermitteln, indem du dir eine Testfrage stellst: Werde ich diesen Menschen lieben, auch wenn ich nie Sex oder gar eine Partnerschaft mit ihm haben kann? Kann ich ihm in Freiheit begegnen und auch ihm alle Freiheit lassen, zu kommen und zu gehen? Wenn das der Fall ist, dann kannst du – mit Diotimas Segen – deinem Eros zu diesem Menschen freien Lauf lassen. Denn dann hast du die Chance, deiner Liebe Ausdruck verleihen zu können, ohne andere zu verletzen. Genau das kennzeichnet den reifen Eros.

DIOTIMA VON MANTINEIA

(5. Jahrhundert v. Chr.)

Man weiß nicht, ob es sie wirklich gab oder ob Diotima eine Erfindung des Philosophen Platon (428–348 v. Chr.) ist. Denn außer den in dessen Dialog Symposion *zitierten Reden gibt es kein zuverlässiges Zeugnis, das die Existenz dieser als Priesterin und Heilerin vorgestellten Frau verbürgt. Doch sind die Informationen, die Platon von ihr gibt, so detailliert, dass es gute Gründe dafür gibt, in ihr eine historische Person zu vermuten. Und ist es, davon abgesehen, nicht wunderbar zu wissen, dass Sokrates und Platon, die größten Philosophen der europäischen Geschichte, bei einer Frau in die Lehre gegangen sind? Und das bei ihrem wichtigsten Thema: der Liebe ...*

Ist es okay, wenn ich schöner sein will als meine Freundinnen?

JA

Dass Frauen darum wetteifern, die Schönste zu sein, ist nicht neu. Schon bei den alten Griechen war das so; und nicht nur unter Menschenfrauen, sondern mehr noch unter Göttinnen. Oft erzählt wurde die Story von dem unseligen Beauty-Contest, den die Götterchefin Hera mit ihren Kolleginnen Athene und Aphrodite austrug. Wer von den dreien die Schönste sei, war nicht leicht zu entscheiden. Zumal keiner der männlichen Götter sich einzumischen wagte. Schließlich beriefen sie einen sterblichen Richter namens Paris, dessen Wahl auf Aphrodite fiel, deren Schönheit von jeher legendär war. Für Paris ging die Sache nicht gut aus. Sein Urteil hatte Krieg und Tod zur Folge. Seine Heimat Troja ging in Flammen auf.

Wer den Mythos kennt, ist leicht versucht zu sagen: Um den Rang der Schönsten sollten Frauen besser nicht konkurrieren. Schon gar nicht, wenn sie befreundet sind. Denn groß ist die Gefahr, dass ein Schönheitswettbewerb in Streiterei oder Zerwürfnis endet. Wer sich das ersparen will, sollte darauf verzichten, im Kreise der Freundinnen die

Schönste sein zu wollen. So macht sich Frau das Leben leichter. Aber auch … schöner?

Der Humanist und Philosoph Agnolo Firenzuola schildert uns in seinem Büchlein *Gespräche über die Schönheit der Frauen* eine Episode aus der Zeit der Renaissance: In einem sommerlichen Garten hat sich eine adlige Gesellschaft junger Frauen eingefunden, die – wie das gelegentlich zu gehen pflegt – über eine abwesende Freundin diskutieren. Ob Amelia zurecht im Ruf der größten Schönheit stehe, ist die Frage – und die Meinungen der Damen gehen sehr weit auseinander. Da platzt ein junger Edelmann mit Namen Celso in die Runde und gibt dem Gespräch eine Wendung ins Philosophische.

Celso ist ein Kavalier, der keiner Frau zu nahe treten will. Anstatt mitzudiskutieren, zieht er es vor, über die Schönheit im Allgemeinen und die der Frauen im Besonderen zu räsonieren. Und er scheut sich nicht, die These vorzutragen, die Schönheit der Frauen sei »ein Hinweis auf die himmlischen Dinge, ein Abbild und Gleichnis der Freuden des Paradieses«. Deshalb sei es nicht nur billig, sondern rechtens, wenn die Frauen ihre Schönheit gern zur Schau stellen und von dem Wunsch bewegt sind, in den Augen anderer die Schönste oder wenigstens doch schön zu sein. Nach Schönheit zu streben, sei also nicht verwerflich, sondern im Gegenteil müsse man sagen, dass diejenigen, die ihre Schönheit nicht zur Schau stellen, »eine große Sünde begehen, wenn sie ein so großes Geschenk verheimlichen«.

Nun erscheint aus heutiger Sicht die Begründung des guten Celso etwas dünn: Dass die Schönheit einer Frau ein Hinweis auf das Paradies ist, dürfte nicht einmal einen frommen Gläubigen davon überzeugen, dass es nicht per se schlecht ist, einander in puncto Schönheit übertreffen zu wollen. Aber vielleicht muss man dazu ja gar nicht das Paradies bemühen, sondern einfach nur darauf verweisen, dass es in der Art des Menschen liegt, sich zeigen, mitteilen und in der Welt bekunden zu wollen. Diesen Wunsch teilt er mit den meisten Tieren, die nicht minder manches dafür investieren, in den Augen ihrer Artgenossen ganz besonders schön zu sein. Wer um seine Attraktivität bemüht ist, folgt offenbar den Spielregeln des natürlichen Lebens. So gesehen wäre absurd, es nicht *okay* zu finden, wenn jemand diese Spielregeln befolgt. Ob es darüber hinaus auch *klug* ist, sich ausgerechnet mit den eigenen Freundinnen auf einen Beauty-Contest einzulassen, steht auf einem anderen Blatt. Vielleicht liegt die Kunst am Ende einfach darin, solche Wettbewerbe spielerisch und heiter auszutragen – damit das Ganze nicht ein so bitteres Ende nimmt wie bei Paris und den Göttinnen.

AGNOLO FIRENZUOLA

(1493–1543)

Viel weiß man nicht von dem italienischen Dichter Michelangelo Girolamo Giovannini, der sich nach seiner Heimatstadt Firenzuola benannte. Er war ein typischer Vertreter der florentinischen Renaissance, ein Lebemann, der, auch als er schon Mönch geworden war, nicht aufhörte, die Frauen zu lieben. Gut bekommen ist ihm das nicht. Firenzuola starb mit 55 Jahren an den Folgen einer Syphilis. Seine Gespräche über die Schönheit der Frauen *aber halten seinen Ruhm bis heute aufrecht.*

Eltern und Kinder

Müssen wir unsere Eltern pflegen, wenn sie alt sind?

NEIN

Bei schwierigen Fragen ist es manchmal ratsam, sie probeweise rumzudrehen. Also: Würdest du wollen, dass dich deine Kinder pflegen, wenn du eines Tages alt und klapprig bist? – Schwierig, oder? Einerseits wünscht sich wohl jeder, dass der eigene Nachwuchs einen nicht hängen lässt, wenn man nicht mehr so kann wie früher. Andererseits wirst du nicht wollen, dass sich deine Lieben für dich aufopfern und vor lauter Kindesliebe ihr eigenes Leben verpassen. Was tun?

Die Antwort des Philosophen lautet: Genauer fragen! Was heißt eigentlich »pflegen«? Ist damit eine Rundumversorgung gemeint: von Bespaßungsprogramm bis Windelnwechseln? Also die ganze Palette dessen, was Pflegeeinrichtungen ihren Kunden als Dienstleistungen anbieten – das, was die meisten Menschen in der Mitte des Lebens zusammenzucken lässt, wenn man ihnen nahelegt, solch ein Programm den alt gewordenen Eltern angedeihen zu lassen?

Sie zucken übrigens zu Recht, denn erstens ist unsere moderne Lebenswelt – ob es uns nun passt oder nicht – so organisiert, dass die wenigsten betroffenen Zeitgenossen neben Arbeit und Familie die für einen Pflegefall erforderliche Zeit aufbringen können. Und zweitens braucht es heute ein hohes Maß an Fachkompetenz und Erfahrung, um pflegebedürftigen Menschen angemessen zur Seite stehen zu können. Pflegen wie die Profis können nur die wenigsten – was nicht der schlechteste Grund dafür ist, es auch den Profis zu überlassen.

Aber vielleicht geht es auch gar nicht um professionelle Pflege. Zumindest nicht im Blick auf die eigenen Eltern. Vielleicht ist hier eine ganz andere Form der Beziehung von Nöten. Etwa die, von der der Philosoph Martin Buber in seinem epochalen Meisterwerk *Ich und Du* sprach. Darin unterschied er zwischen der Ich-Es-Beziehung, mit der wir uns sachlich und professionell zur Welt und den Menschen als zu einem Gegenüber verhalten, und von der Ich-Du-Begegnung, bei der wir uns ganz einem Anderen zuwenden und ihn nur als den nehmen, der er ist – nicht als einen Gegenstand, sondern als einen Gegenwärtigen.

Ist es nicht am Ende genau das, was wir uns von unseren Kindern wünschen – und was sich unsere Eltern womöglich auch von uns wünschen: in uns gerade keine professionellen Rundum-Pfleger zu haben, sondern ein präsentes Du, mit dem sie wirklich in der Tiefe verbunden sind. Dafür braucht es keine pflegerische Expertise und auch kein Rundum-Programm. Manchmal reichen seltene aber echte, intensive Begegnungen. Sie sind am Ende viel mehr wert als die aufopferungsvolle, dabei aber seelenlose Betriebsamkeit, die manche Menschen um ihre Eltern verbreiten.

Die Begegnung von Du zu Du, das ist, was alte Menschen am dringendsten brauchen. Dazu bedarf es nicht viel. Das Wichtigste ist deine Bereitschaft, dich wirklich auf sie einzulassen, sie zu hören und nicht immer nur das zu sehen, was wir in sie hineinprojizieren. Du kannst nur dabei gewinnen. Denn wahrscheinlich wirst du in solchen Begegnungen sowohl bei deinen Eltern als auch an dir selbst Seiten entdecken, von denen du bis dahin nichts geahnt hast.

MARTIN BUBER

(1878–1965)

Er war einer der großen jüdischen Gelehrten des 20. Jahrhunderts. In seiner Jugend hatte Martin Buber die Tradition der jüdischen Mystik der Chassidim kennengelernt und hatte mit großer Begeisterung deren Weisheitsgeschichten gesammelt. Später wagte er sich gemeinsam mit Franz Rosenzweig an eine sprachgewaltige Neuübersetzung des Alten Testaments. Sein Hauptwerk aber ist sein religionsphilosophisches Buch Ich und Du *von 1923.*

Muss ich meinen Eltern verzeihen?

JA

Einst begegnete Sokrates dem Priester Euthyphron. Der kam gerade vom Gericht, wo er eine Klage gegen seinen eigenen Vater eingereicht hatte. Sokrates staunte nicht schlecht, als er das hörte: ob er sich denn sicher sei, dass sich so etwas gehört, wollte er vom Priester wissen. Und so stritten die beiden darüber, ob das Verhältnis zu den eigenen Eltern anders sei als das zu anderen Menschen.

Ob dieses Gespräch tatsächlich stattgefunden hat, weiß niemand. Es findet sich in einem Text des Philosophen Platon und ist vermutlich dessen Fantasie entsprungen. Für unsere Frage aber ist das unerheblich. Hier interessiert, wie Sokrates die Sache sieht. Für ihn ist klar, dass man im Umgang mit den eigenen Eltern andere Maßstäbe anwenden müsse als gegenüber anderen Menschen. Denn die Familie stelle eine eigene Ordnung dar, die anders als die Ordnung einer Bürgerschaft nicht mit den Mitteln von Recht und Gesetz erzeugt oder bewahrt werden kann. Die Ordnung der Familie bestehe von Natur aus, die Rechtsordnung des Staates sei von Menschen gemacht.

Für unser neuzeitliches Denken klingt das befremdlich. Wir sind es gewohnt, unsere Verhältnisse durch eine Rechtsordnung zu regeln. Sokrates jedoch erinnert uns, dass wir als Menschen nicht nur Bürger eines Staates, sondern auch Mitglieder einer Familie sind. Von unseren Eltern und Ahnen ist das Leben zu uns geflossen. Wir teilen es mit unseren Geschwistern und geben es an unsere Kinder weiter. Die Ordnung der Familie ist die Ordnung des Lebens. Sie zu wahren und zu achten ist nicht unerheblich für das Wohl und Wehe eines Menschen.

Die alten Griechen wussten darum – heute begreifen wir langsam, wie recht sie damit hatten. So zeigt die systemische Psychologie, dass sich Familien als lebendige Systeme beschreiben lassen, die – wie andere lebendige Systeme auch – darauf angelegt sind, Zustände innerer Harmonie, Balance oder Kohärenz zu erzeugen. Diese Dynamik vollzieht sich oft, ohne dass die betroffenen Familienmitglieder davon wüssten. Daher verursacht sie oft Stress und Krankheit, zumal es in den wenigsten Familien rundläuft. Irgendwas ist immer aus dem Gleichgewicht: Trennung, Gewalt, Betrug, Tod ... – die Gründe für systemische Turbulenzen in Familien sind vielfältig.

Besonders gravierend ist, wenn Mitglieder einer Familie einander Unrecht tun – oder den Eindruck haben, dass ihnen von einem Familienmitglied Unrecht getan wird. Wenn es sich dabei sogar um Vater oder Mutter handelt, ist die Gefahr gegeben, dass die Familie gänzlich kollabiert; worunter letztlich alle leiden, auch Geschwister, Partner oder Kinder.

Wenn du das vermeiden möchtest, hast du nur einen Ausweg: Annehmen und wenn möglich Vergeben. Gewiss ist das nicht immer leicht. Und ebenso gewiss ist, dass es Fälle gibt, in denen zu vergeben allem Anschein nach unmöglich ist: bei sexuellen Übergriffen und Gewaltanwendungen etwa. Aber selbst dann solltest du mit aller Kraft in deiner Seele nach einer Quelle der Versöhnung suchen, selbst wenn du noch so viele Gründe dafür hast, deinem Vater oder deiner Mutter Gram zu sein. Und zwar um der Familie willen, die du selber *bist* und in dir trägst. Du bist ein Teil von ihr, mit deinem Leben eingebunden in das Netz deiner Verwandtschaft. Ob es dir passt oder nicht: Du bist Teil der Familie und die Familie ist Teil von dir. Komplett mit ihr zu brechen, ist ein hoher Preis, den du nur zahlen solltest, wenn wirklich kein anderer Ausweg mehr erkennbar ist. Denn, auch wenn wir modernen Menschen das nur ungern hören: Dein Wohlergehen ist von der Stimmigkeit deiner Familie nicht zu lösen. Sokrates wusste darum: Deshalb gemahnte er den Euthyphron, seinem Vater zu verzeihen. Verzeihen ist der beste Weg.

SOKRATES

(469–399 v. Chr.)

Er war unbequem, stellte alles und jeden in Frage – und wurde damit zum einflussreichsten Philosophen des Abendlandes. Mit gutem Grund, denn von Sokrates kann man bis heute lernen, dass man sich nie mit vorschnellen Antworten oder angelerntem Wissen zufriedengeben sollte; dass leben fragen heißt und dass wir dann am meisten Mensch sind, wenn wir mit anderen und der Welt im Gespräch bleiben. Dem guten Sokrates bekam das nicht so gut. Er wurde beschuldigt, die Jugend zu verderben, und von seinen Mitbürgern zum Tode verurteilt. Seine Weisheit aber ist unsterblich.

Muss ich mein Kind glücklich machen?

NEIN

Mit dem Glück ist es so eine Sache: Wir alle wünschen es herbei, doch fragt man uns danach, was es denn ist, wissen wir oft nichts zu sagen. Die meisten gehen davon aus, das Glück finde sich dann bei ihnen ein, wenn ihre Wünsche in Erfüllung gehen – weil man ja, wie das Sprichwort sagt, dann ›wunschlos‹ glücklich wäre. Und also hecheln sie nach Kräften durch die Welt, um ihre Träume wahr zu machen und das Glück herbeizuzwingen. Was aber oft misslingt, weil sich nur allzu oft das heiß Ersehnte am Ende als ein Fluch erweist.

Die Weiseren – oder die sich dafür halten – predigen deshalb: Ändere dein Denken! Wünsch' dir nur, was du bekommen kannst! Oder noch einfacher: Hör auf zu denken! Hör auf zu wünschen. Wer sich nichts wünscht, ist wunschlos glücklich. Allein, auch dieser Trick verfängt nur selten. Denn ob wir wollen oder nicht: Wir Menschen haben Wünsche und wir sehnen uns nach Glück. Die Sache ist nur die: Wir können unser Glück nicht machen. Denn Glück ist kein Produkt, nichts, was sich herstellen ließe, wenn wir nur die richtige Methode oder Technik anwenden. Mögen die Glücksprediger sagen, was sie wollen: Das Glück ist immer ein Geschenk – wir können mehr nicht für es tun, als uns für es zu öffnen.

Niemand ist seines Glückes Schmied – auch nicht der Schmied des Glückes seiner Kinder. Glück ist nicht machbar. Schon gar nicht dadurch, dass man meint, alle (Kinder-)Wünsche erfüllen zu müssen. Hier gilt in hohem Maße die alte Weisheit: »Gut gemeint ist das Gegenteil von gut«. Zumal es gar nicht möglich ist herauszufinden, was für die eigenen Kinder wirklich gut ist, was ihre Seelen wirklich wünschen. Das können sie nur selbst herausfinden, indem sie sich aufs Leben einlassen und die Tür ihres Herzens offenhalten.

Das Glück gleicht einem Gast, der uns gelegentlich besucht: Man kann es nicht herbeizwingen – man kann es nur einladen und ihm die Tür offen halten. Dann kehrt es bei uns ein, oft unerwartet oder heimlich; meistens dann, wenn wir uns auf Begegnung einlassen; wenn wir es zulassen, dass etwas oder jemand uns berührt, bewegt oder begeistert.

Wer seinen Kindern Gutes tun möchte, sollte sie dazu anregen, sich auf das Leben einzulassen. Einer, der das wusste, war Wilhelm von Humboldt: der Mann, dem sich das »Humboldtsche Bildungsideal« verdankt, das noch vor gar nicht langer Zeit an deutschen Schulen und Hochschulen gepflegt wurde, seit einigen Jahren aber in Vergessenheit geraten ist. Dieser Humboldt jedenfalls notierte einst in seiner *Theorie der Bildung des Menschen* von 1793, es gehe bei der Erziehung darum, dem Leben eines jungen Menschen einen möglichst »großen Inhalt« zu erschließen. Und dies gelinge nur »durch die Verknüpfung des Ichs mit der Welt zu der allgemeinsten, regesten und freiesten Wechselwirkung«.

Das Beste für das eigene Kind ist also nicht, ihm seine Wünsche zu erfüllen – auch nicht, es dem zu unterwerfen, was du dir wünschst. Das Beste ist, es für die Welt zu öffnen: ihm Möglichkeiten einzuräumen, dem Leben zu begegnen; es einzuladen, Neues zu erfahren und Neues zu erproben. So legst du die Fundamente jenes Hauses, in dem dein Kind sein eigenes Glück empfangen kann. Und das ist nicht nur gut gemeint – das ist auch wirklich gut.

WILHELM VON HUMBOLDT

(1767–1835)

Als junger Mann ging er mit seinem Bruder Alexander beim alten Goethe ein und aus. Der mochte offenbar den jungen Mann und inspirierte ihn dazu, sich voller Tatendrang dem Leben zuzuwenden: Wilhelm von Humboldt wurde Diplomat und vertrat als Gesandter das Land Preußen beim Heiligen Stuhl in Rom – ein Job, den er sehr liebte. Später kehrte er in seine Heimat zurück und wurde vom preußischen König damit betraut, in Berlin die Universität zu gründen, die bis heute seinen Namen trägt.

Ist es okay, Geldgeschenke zu machen?

NEIN

Kindergeburtstag eines Zwölfjährigen: Alle sind gekommen, und alle haben etwas mitgebracht. Klar, bei einem Geburtstagsfest dürfen die Geschenke nicht fehlen. Nur sehen sie sich zum Verwechseln ähnlich: Umschläge allenthalben, die mit einem braven »Danke« quittiert – und beiseite gelegt werden. Warum sollte man sie auch auspacken? Man weiß ja, was drin ist: Geld oder ein Gutschein für den Elektronik-Markt. Warum auch nicht? Man wollte ja dem Jungen eine Freude machen. Da liegt es doch nur nahe, ihm die Chance zu geben, sich etwas zu kaufen, was er gerne haben möchte. Man weiß ja nicht, was er sich wünscht. Und davon abgesehen haben die Leute eh schon alles.

Das klingt ganz vernünftig. Und folglich findet man den Brauch der Geldgeschenke nicht nur bei Kindergeburtstagen, sondern auch da, wo sich Erwachsene beschenken: bei Hochzeiten und Jubiläen, bei runden Geburtstagen und an Weihnachtsfesten. Man kann dabei nicht viel falsch machen. Wer Geld verschenkt, schenkt dem Beschenkten

Möglichkeit – und stiehlt sich damit aus der *Wirklichkeit.*

Die Philosophen haben selten übers Schenken nachgedacht. Allein bei Aristoteles wird fündig, wer etwas Philosophisches zum Thema Schenken sucht. In seiner *Ethik* rühmt der Philosoph einmal die Tugend der Großherzigkeit, die immer da walte, wo Menschen gern und aus freien Stücken anderen etwas geben. Die eigentliche Pointe dabei ist, dass der Großherzige nichts geben müsste, sondern andere aus einer Art von Überfluss beschenkt. Er schenkt auch nicht, um eine Not auf Seiten des Beschenkten abzuwenden – oder um ein Bedürfnis zu befriedigen. Er schenkt vielmehr, weil er dem Anderen etwas sagen will. Und deshalb käme er auch nicht auf die Idee, Geld zu verschenken. Denn Geld ist bloße, nichtssagende Möglichkeit, die keinen Inhalt hat.

Wer Geld verschenkt, verrät damit zumeist, dass er dem anderen nichts zu sagen weiß – vielleicht auch nichts zu sagen *hat.* Womöglich, weil man den anderen nie gehört hat, oder weil man sich nicht mit ihm beschäftigt hat; womöglich, weil man die Verantwortung scheut, die übernehmen muss, wer anderen etwas zu sagen wagt: auf das Risiko hin, damit Enttäuschung oder Widerspruch zu ernten.

Der Wert des Geldes, auch das lehrt Aristoteles, liegt darin, dass man es gegen etwas tauschen kann. Der Wert eines Geschenkes jedoch ist anderer Art. Er liegt darin, dem Beschenkten etwas Kostbares zu sagen, ihm etwas zu geben, was ihn voranbringt, inspiriert oder begeistert. Gewiss, das Risiko, dass man danebengreift, ist groß. Doch selbst ein verunglücktes Geschenk ist besser als ein nichtssagender Umschlag. Denn es bekundet, dass man sich als Schenkender mit dem Beschenkten befasst hat.

Es ist nicht böse oder unmoralisch, wenn man Geldgeschenke macht. Wohl aber ist es schade, weil man so die gute Chance vergibt, einen Menschen zu inspirieren und ihm zu bekunden, dass er einen etwas angeht. Einfach nur einen Umschlag zu übergeben, verrät keine Großherzigkeit, sondern die Kleingeistigkeit eines Menschen, der nicht den Mut aufbringt, so weit auf einen Anderen zuzugehen, dass er es wagen würde, ihn zu beschenken – ihm etwas von sich selber preiszugeben.

ARISTOTELES

(384–322 v. Chr.)

Von seinen Studienkollegen wurde er spöttisch »Nous« genannt – was auf Deutsch so viel wie »Geist« bedeutet. Aristoteles war also so etwas wie der Klassenprimus in der Schule seines Meisters Platon. Und er setzte später alles daran, seinen Lehrer zu überbieten. Eines seiner bedeutendsten Bücher heißt Nikomachische Ethik, *weil es einem jungen Mann namens Nikomachos gewidmet ist. In diesem Buch stellt er ausführliche Reflexionen darüber an, was eigentlich unser Leben gelingen lässt. Und in dem Zusammenhang geht er darauf ein, was es mit der Großherzigkeit auf sich hat.*

Politik und Gesellschaft

Muss ich mich für Politik interessieren?

JA

Schon lange macht das Schlagwort von der »Politikverdrossenheit« die Runde. Politik, so liegt es auf der Hand, ist alles andere als cool. Da ist es beinahe schon anstößig, wenn man daherkommt und öffentlich behauptet, man müsse sich für Politik interessieren.

Zumal die Politik so deprimierend ist. Ich kenne jede Menge Leute, die sich der Politik schon deshalb abgewandt haben, weil es ja doch immer nur schlechte Nachrichten gibt und die Politiker eh alle nichts taugen. Ganz von der Hand zu weisen ist das nicht; und dass Politik ein Feld ist, das häufig schlechte Laune macht, ist auch nicht zu bestreiten. Und trotzdem bist du gut beraten, dich mit dem politischen Geschehen zu befassen – ja mehr noch: selbst politisch zu sein, mitzureden, mitzudenken, mitzudiskutieren.

Die Gründe dafür sind vielfältig. Zum einen sind sie politisch: Die Demokratie, so sagt man, braucht den politischen Diskurs der Bürger. Bloß zur Wahl zu gehen macht längst noch keine Demokratie. Ein Blick nach Russland oder in die Türkei genügt, um zu erkennen, dass Demokratie eine Frage der politischen Kultur ist und nicht des Kreuzchen-Machens auf dem Stimmzettel. Nur da lebt ihr Geist, wo im öffentlichen Raum gestritten und gerungen wird, wo verschiedene Meinungen aufeinanderprallen und die immer neue Frage diskutiert wird, wie Menschen ihr Gemeinwesen gestalten wollen. Nur da wohnen Freiheit und menschliche Würde. Stirbt jener Geist der Demokratie, werden wir darauf reduziert, ein Volk willenloser Konsumenten oder Verbraucher zu sein, die sich leicht lenken und benutzen lassen. Wenn du zu denen gehörst, die das nicht wollen, dann solltest du politisch sein und mitmischen.

Doch damit nicht genug. Der eigentliche Grund, weshalb du politisch sein solltest, ist damit nicht genannt. Tatsächlich nämlich geht es um dich selbst, tatsächlich geht es um dein Glück. Weil Menschen ihrem Wesen nach politisch sind, und weil sie sich nur dort zu einem wahren und erfüllten Menschsein entfalten, wo sie sich im öffentlichen Raum bewegen. Der Mensch, so wusste schon vor 2300 Jahren Aristoteles, ist ein »politisches Wesen« (*zoon politikon*), das nur dann wesentlich lebt, wenn es begreift, dass es Teil eines Gemeinwesens ist, und das sich nur im Miteinander – manchmal auch im Gegeneinander – mit anderen Menschen entfaltet.

Die Philosophin Hannah Arendt hat daraus eine große Sache gemacht. In ihrem Buch *Vita activa* hat sie dargelegt, dass unser Leben erst dann zur Blüte reift, wenn wir handeln: »Handelnd und sprechend offenbaren die Menschen jeweils, wer sie sind, zeigen aktiv die personale Einzigartigkeit ihres Wesens, treten gleichsam auf die Bühne der Welt«, die immer eine öffentliche, politische Bühne ist. Sich zu zeigen heißt immer auch, die eigenen Überzeugungen und Sichtweisen zu vertreten – und eben das bedeutet: politisch sein. Seine Meinungen zu verstecken und sich darauf zu beschränken, nur im Internet Äußerlichkeiten zu zeigen oder sich im Gespräch in Banalitäten wie Konsum oder Entertainment zu ergehen, ist eines Menschen eigentlich nicht würdig. Um wirklich Mensch zu sein und sich als solcher zu erweisen, kommt man deshalb nicht darum herum, sich für Politik zu interessieren und selbst am politischen Geschehen teilzunehmen.

Hannah Arendt

(1906–1975)

Sie war in jeder Hinsicht eine Ausnahmeerscheinung. Dass Hannah Arendt sich in der männerdominierten Philosophie des 20. Jahrhunderts durchsetzen konnte, verdankt sich mitnichten allein dem Umstand, dass manch namhafter Professor sich für sie begeisterte. Liest man ihren Briefwechsel mit Karl Jaspers oder Martin Heidegger, sieht man sofort, welch brillante Denkerin sie war. Ihre Leidenschaft galt der politischen Philosophie – und nachdem sie ob ihrer jüdischen Herkunft ins amerikanische Exil fliehen musste, schrieb sie großartige Bücher über die Grundlagen des politischen Handelns.

Ist es richtig, sich für Flüchtlinge zu engagieren?

JA

Die Menschen sind nun einmal da. Sie haben vieles hinter sich gelassen und finden wenig vor. Sie sind entwurzelt, traumatisiert, erschöpft. Kein Raum für Intimität, keine klare Perspektive für die Zukunft. Die Nerven liegen blank. Da ist es gut, wenn jemand ihnen beisteht – wenn jemand sie als Menschen wahrnimmt, sie persönlich anspricht, ihre Stimme hört und ihre Sorgen teilt. Nichts ist natürlicher als das. Menschen in Not brauchen die Hilfe anderer. Sie zu gewähren, sollte selbstverständlich sein. Die Menschen sind nun einmal da, doch viele kennen sie noch gar nicht. Sie hören nur von Zahlen, von »den Flüchtlingen«. Für sie sind Flüchtlinge abstrakt. Sie sorgen sich ob ihrer großen Menge. Sie werden unruhig und stiften Unruhe. Oft ohne es zu wollen, tragen sie so dazu bei, dass ihre Sorge sich bewahrheitet: Die Spannungen in der Gesellschaft nehmen zu. Es ist berechtigt, sich um unser Land zu sorgen. Denn eine schnelle Lösung gibt es nicht. Was ist zu tun?

Der Philosoph Jeremy Bentham schlug für solche Fälle ein einfaches Verfahren vor: Wenn du nicht weißt, was richtig ist, dann frage dich, auf welche Weise es gelingen kann, das größtmögliche Glück für die größtmögliche Menge zu erwirken! Der »hedonistische Kalkül« – so nannte Bentham sein Verfahren – sollte sicherstellen, dass es in schwierigen Entscheidungssituationen zu einer Lösung kommt, die dem persönlichen Glücksstreben des einzelnen ebenso Rechnung trägt wie dem inneren Frieden eines Gemeinwesens. Denn persönliches Glück, so lehrt Bentham, gibt es nur, wenn die Gesellschaft ausgewogen ist. Das einzusehen, meinte er, könne man von jedem denkenden Menschen erwarten – denn es ist nur vernünftig.

Wendet man Benthams Vorschlag auf die Frage an, wie wir uns zu den Flüchtlingen verhalten sollen, gibt es nur eine Lösung: diejenige, von der wir annehmen können, dass sie sowohl dem Glück der Flüchtlinge als auch dem Glück der Bürger unseres Landes dienlich ist. Das aber nötigt uns dazu, die Menschen, die nun einmal da sind, darin zu unterstützen, sich in die Gesellschaft dieses Landes einzufügen. Und da die Gesellschaft dieses Landes aus dir und dir und dir besteht, ist es richtig, dass du und du und du dich für Flüchtlinge engagierst. Denn damit erweist du sowohl unserer Gesellschaft als auch den Zuwanderern den größtmöglichen Dienst.

Doch wäre es ein Irrtum zu behaupten, du stündest in der Pflicht, dich um die Flüchtlinge zu kümmern. So gut es ist, wenn du es tust, so wenig solltest du erwarten, dass jeder Bürger dieses Landes es dir gleichtut. Nicht jeder hat die Zeit und Kraft dazu. Millionen sind schon jetzt am Limit, weil sie für ihre Kinder sorgen müssen, weil sie ihrer Erwerbsarbeit nachgehen und einfach damit überfordert wären, auch noch den Flüchtlingen zu helfen. Tatsächlich kann es nicht die Pflicht einzelner Bürger sein, in Unterkünften oder Sammelstellen mitzuhelfen. Und wenn die Kanzlerin Angela Merkel 2015 in der großen Flüchtlingszuströmung verlauten lies: »Wir schaffen das« – dann kann dieses Wir nicht die Summe aller Privatpersonen sein, sondern nur der Staat mit all der ihm zu Gebote stehenden Manpower, seinen Strukturen, seiner Logistik und Organisation. Der Zustrom Hunderttausender kann nicht durch das Engagement von Einzelnen bewältigt werden. Ob unser Land dieser Situation gewachsen sein wird, steht nicht in der Verantwortung einzelner Bürger, sondern der Politik. Deshalb müssen wir darauf bestehen, dass der Staat beherzt und unbürokratisch die nötigen Maßnahmen ergreift.

JEREMY BENTHAM

(1748–1832)

Goethe hielt ihn für einen »radikalen Narren« und Marx für ein »Genie der Dummheit«. In England aber steht Jeremy Bentham hoch im Kurs. Als Gründer der utilitaristischen Ethik, die Nützlichkeitserwägungen ins Zentrum der Moral stellt, nahm er großen Einfluss auf die politische Philosophie der englischsprachigen Welt. Wer ihm begegnen will, trifft ihn mumifiziert in einer Vitrine des University College in London. Da sitzt der Denker heute noch mit Strohhut und Spazierstock und schaut verwundert in die Welt.

Muss man für die Rechte anderer kämpfen?

JA

Gehörst du auch zu den Menschen, die sich angesichts des vielen Elends in der Welt fragen, ob sie nicht irgendetwas unternehmen sollten, damit es den Menschen besser geht: den notleidenden Kindern in Afrika, den Lohnsklaven in Asien, den unterdrückten Frauen überall – um nur ein paar der vielen Millionen zu nennen, die im 21. Jahrhundert kein menschenwürdiges Leben führen können? Und gehörst du auch zu denen, die sich immer wieder ohnmächtig fühlen, weil sie einfach nicht erkennen können, was sie – mal abgesehen von ein paar Spendengeldern hier und da – als Einzelne auf einem anderen Kontinent für diese Menschen unternehmen könnten? Und hast du manchmal auch die Anwandlung, dass du es in Anbetracht deiner Machtlosigkeit auch sein lassen und genau wie viele deiner Freundinnen und Freunde einfach nur dein eigenes Ding machen könntest? Irgendwie scheint die Zeit der Aufstände und Revolutionen vorbei zu sein. Und sich in sozialen Netzwerken zu echauffieren oder zu empören macht die Lage der Notleidenden auch nicht besser, oder?

Wenn du so denkst, bist du nicht allein. Viele Menschen haben Ähnliches erlebt – und das nicht erst in dieser Zeit, sondern auch schon vor Jahrhunderten. Trotzdem gab es immer auch solche, die sich nicht haben unterkriegen lassen – die nach dem Motto handelten: Ich habe zwar keine Chance, aber ich nutze sie. Eine von diesen Menschen ist Flora Tristan. Heute kennt sie kaum noch jemand, dabei war sie eine bedeutende Philosophin und Aktivistin des 19. Jahrhunderts; eine seltene Kombination, die ihr zu Lebzeiten auch manchen Spott eingebracht hat – zumal sie eine Frau war und als solche harten Repressionen, Verdächtigungen und Verleumdungen begegnen musste. Durch das alles aber hat sie sich nicht entmutigen lassen. Denn was sie erst am eigenen Leibe und dann auf ihren Reisen durch Peru, England und Frankreich erfahren hatte, ließ sich nicht verschweigen. Sie hatte einen Blick in die Hölle der Sklaverei, der Elendsviertel in den neuen Industriegebieten, des Proletariats der europäischen Städte getan. Und was sie gesehen hatte, war nicht länger hinzunehmen.

Flora Tristan beließ es aber nicht dabei, die Verhältnisse des Manchesterkapitalismus anzuprangern und zur Revolution aufzurufen. Als Philosophin wollte sie verstehen, wie es dazu kommen konnte, dass sich die Schere zwischen Arm und Reich im ersten Drittel des 19. Jahrhunderts so unfassbar weit geöffnet hatte. Deshalb reiste sie nach London und erforschte die Verhältnisse vor Ort. Früher noch als Marx und Engels konnte sie dabei erkennen, dass die Not der Menschen nicht der Gier oder moralischen Bosheit einzelner skrupelloser Unternehmer geschuldet ist, sondern in einem System, ja einer Denkweise verwurzelt ist, die systematisch Ungleichheit, Unrecht und Unterdrückung produziert. Letztlich, so ihre Überzeugung, hängt das ganze Elend von Millionen Menschen »an der ungleichen Verteilung der Güter dieser Welt«, die es den einen erlaube, immer reicher zu werden, und die anderen dazu verdamme, immer tiefer in den Strudel der Not und Würdelosigkeit zu geraten: nicht nur die Arbeiter, sondern auch die Frauen, denen damals gleiche Rechte und gleiches Eigentum systematisch verwehrt wurden.

Doch damals wie heute hilft eine Analyse allein nicht weiter. Auf die Diagnose folgt die Therapie, und auch was diese angeht, war Flora Tristan nicht tatenlos. Sie verfasste 1842 ein Buch mit dem Titel *Arbeiterunion*, mit dem sie konkrete Vorschläge unterbreitete, wie das Elend der Arbeiter behoben werden könne. Ihre wichtigste Aufgabe sah sie darin, den Betroffenen Mut zuzusprechen: »Arbeiter und Arbeiterinnen«, schrieb sie darin, »Es gibt nichts mehr zu sagen, nichts mehr zu schreiben, denn eure elende Lage ist allen bekannt. Nur eine Sache bleibt zu tun: [...] zu handeln. Denn der Tag des Handelns ist gekommen und euch, euch allein, kommt es zu, im Interesse eurer eigenen Sache zu handeln.«

Vielleicht kommt dir das am Ende etwas mager vor: Ein Appell zum Handeln! Ja, damit alleine ist noch nicht viel geholfen. Aber dieser Appell basierte auf einer klaren Analyse der Ursachen, die zu bekämpfen waren. Deshalb blieb er auch nicht ungehört. Flora Tristan reiste quert durch Frankreich, um die Arbeiterklasse zu mobilisieren. Und sie fand Gehör. Erst nur bei wenigen, doch mit der Zeit setzte sich im Proletariat ein neues Klassenbewusstsein durch. Flora erlebte das nicht mehr. Mit nur 41 Jahren starb sie 1844 bei einer ihrer missionarischen Reisen. Aber ihr Vermächtnis spricht dadurch nur lauter: Es ist richtig und wichtig, für die Rechte anderer zu kämpfen. Selbst, wenn es aussichtslos zu sein scheint.

FLORA TRISTAN
(1803–1844)

Ihre Lebensgeschichte liest sich wie ein Roman. Geboren wurde sie als Tochter eines peruanischen Adeligen in Paris. Da die Eltern in Spanien geheiratet, aber die Ehe nicht amtlich registriert hatten, fielen Mutter und Tochter nach dessen Tod in die Mittellosigkeit. Flora wurde gegen ihren Willen mit einem gewalttätigen Künstler verheiratet, von dem sie eine Tochter hatte, die später die Mutter des Malers Paul Gauguin wurde. Mehrfach versuchte sie, sich von ihrem rücksichtslosen Ehemann zu trennen und das Sorgerecht für ihre Kinder zu erlangen, was ihr allerdings erst gelang, nachdem ihr Mann sie zu erschießen versucht hatte. Nun wandte sie sich dem Sozialismus zu und wurde dessen wichtigste Wegbereiterin in Frankreich. Flora starb mit 41 Jahren an einem Schlaganfall.

Soll ich Obdachlosen Geld geben?

JA

Menschen, die in großen Städten wohnen, kennen das nur allzu gut: Du sitzt morgens in der U-Bahn, döst ein wenig vor dich hin, und dann siehst du vor dir eine welke Hand mit einem eingedellten leeren Kaffeebecher, in dem dir ein paar kleine Münzen sagen: Gib mir Geld! Oder da kommt so einer und hält die einstudierte Rede, die dich dazu bringen soll, ein Obdachlosen-Magazin zu kaufen. Und, was wirst du tun? Greifst du dann zum Geldbeutel?

Menschen, die in großen Städten wohnen, haben oft Routinen ausgebildet, wie sie sich zu Bettlern oder Obdachlosen verhalten: Meist bleibt der Geldbeutel, wo er ist. Wer solche Begegnungen nicht täglich hat, lässt sich eher erweichen, ein paar Münzen herzugeben; oft spontan, zuweilen mit einem unguten Gefühl, weil man doch von diesen organsierten Banden gehört hat und außerdem nicht weiß, ob sich der Typ von dem Geld nicht doch wieder nur eine Schnapsflasche kaufen wird. Und manchmal stehen moralische oder religiöse Überzeugungen im Hintergrund, preisen doch alle großen Religionen das Almosengeben als eine fromme und ehrenwerte Tat.

Eines aber tun die wenigsten, wenn ein Bettler oder Obdachloser sie um eine Gabe bittet: diesem Menschen in die Augen schauen. Die, die nichts geben, blicken oft nicht einmal auf von ihrem Smartphone oder ihrer Zeitung. Die, die etwas geben, aber auch nicht. Denn sie folgen beide ihren eingefleischten Mustern, und die hindern sie daran, sich jenem Wesen wirklich zuzuwenden, das da leibhaft vor ihnen steht. Sie gewahren diesen Menschen als ein Objekt unter anderen Objekten, zu dem sie sich irgendwie verhalten müssen – so oder so, gleichviel –, aber dieser Andere geht sie nicht wirklich etwas an.

Nur, weil wir uns für gewöhnlich unbeteiligt zu den Anderen verhalten, stellt sich überhaupt die Frage, ob wir ihnen etwas geben sollten oder nicht. Hätten wir den Mut, ihnen wirklich zu begegnen, würde sich die Frage gar nicht stellen. Wir wüssten, was zu tun ist. Wir griffen umstandslos zum Geldbeutel – und täten damit nicht nur etwas Gutes, sondern bewährten uns darin als Menschen. Das meint jedenfalls der Philosoph Emmanuel Levinas, der wie kein anderer darauf bestand, dass jeder Mensch unabdingbar unter dem Anspruch des Anderen steht: Der Andere, lehrt er, ist vor mir da und geht mich deshalb etwas an. Seine Augen treffen mich: »Die Augen, die unverhehlbare Sprache der Augen, brechen durch die Maske hindurch«, sagt Levinas, denn im »Antlitz« des Anderen zeige sich eine unendliche Fremdheit, die mich in Anspruch nimmt. Das zwingt mich in eine strikte »Verantwortung« für den Anderen, die keine andere Handlung zulässt, als ihm die Gabe darzureichen.

»Den Anderen anerkennen«, sagt Levinas, »heißt, einen Hunger anerkennen. Den Anderen anerkennen – das heißt geben«; nicht, weil es gefordert oder geboten wäre, sondern weil es der Wahrheit entspricht – einer Wahrheit, die im Augenblick der Begegnung zweier Menschen, die sich in die Augen blicken, aufleuchtet. Kein Argument ist dann vonnöten, keine Religion und kein Gesetz, nur der Mut, dem Blick des anderen nicht auszuweichen. Diesen Mut jedoch bringen wir meistens nicht mehr auf – und wir blicken nicht mehr auf, sondern starren stattdessen unverwandt auf unser Handy.

Wenn jedoch Levinas Recht hat, sollten wir dieses Verhalten überdenken. Nicht nur um des Anderen willen, der um eine Gabe bittet; sondern um unserer selbst und unserer Menschlichkeit willen, die auf der Strecke zu bleiben droht, wenn wir Anderen und Fremden nicht mehr in die Augen schauen. Denn dann gibt es für uns letztlich nur noch eine triste Einsamkeit.

EMANUEL LEVINAS

(1906–1995)

In der akademischen Philosophie blieb er stets ein Außenseiter. Geboren als Sohn einer jüdischen Kaufmannsfamilie im vorrevolutionären Russland kam Emmanuel Levinas in den 1920er Jahren nach Frankreich und Deutschland, wo er Schüler Martin Heideggers war. 1940 wurde er von den Nazis interniert und betrat nach 1945 nie mehr deutschen Boden. Später lehrte er an der Pariser Sorbonne und wurde vielfach geehrt, seine Philosophie des Anderen aber findet in der Welt von heute kaum noch Gehör.

Umwelt und Natur

Sollte ich mich für Naturschutz engagieren?

JA

Spätestens seit niemand mehr, außer ein paar Ewiggestrigen, zu leugnen wagt, dass wir uns in der Anfangsphase eines beispiellosen Klimawandels befinden, stimmt die Mehrheit der Menschen darin überein, dass Naturschutz ein unbedingtes Muss ist. Zumal auch die Verschmutzung der Ozeane, die Verpestung der Luft und die Kontamination der Erde ein Ausmaß erreicht haben, von dem wir wissen, dass wir so nicht weiter machen können, ohne den Fortbestand des menschlichen Lebens auf Erden zu gefährden. Hinzu kommt die Erkenntnis, dass die Vernichtung dessen, was einmal »Wildnis« war, das Aufkommen verheerender Seuchen begünstigt. Langer Rede kurzer Sinn: Zum Naturschutz gibt es keine Alternative. Diese Einsicht ist sogar in die Köpfe der Mächtigen in Politik und Wirtschaft durchgesickert.

Vor allem aber lebt sie in den Köpfen und Herzen der Jüngeren. Die Fridays-for-Future-Bewegung hat zu erkennen gegeben, dass eine Generation heranwächst, für die Naturschutz und Ökologie zu höchster Priorität gelangt sind. Und das ist gut so. Nicht nur für die Bewahrung des Öko-Systems Erde, sondern ebenso für das seelische und geistige Wohlergehen der Menschen. Denn wir Menschen brauchen die Natur nicht bloß als Ressource für die Lebensmittel- oder Energieproduktion. Wir brauchen sie auch nicht bloß als von der Tourismus- und Freizeitindustrie vermarktbares Arsenal von Sehenswürdigkeiten, Outdoor-Experiences oder sportlichen Aktivitäten; auch nicht als Refugium für gestresste Städter, die sich dort dem Waldbaden oder dem Mountainbiking hingeben können. Nein, wir brauchen die Natur vor allem als Partnerin, Schwester, Verwandte – als treue Gefährtin und Lehrerin, die uns all das zeigt, was wir zu einem guten Leben *wirklich* brauchen: die uns das Maß des Lebens lehrt.

Deswegen ist es für dein physisches, psychisches und mentales Wohlergehen von großer Wichtigkeit, dich immer wieder der Natur bzw. dem natürlichen Leben zuzuwenden. Denn: »In der Natur durchströmt den Menschen wunderliches Wohlbehagen trotz aller seiner Sorgen. Die Natur spricht – er ist mein Geschöpf, und trotz all des bedrängenden Kummers soll er mit mir glücklich sein.« So hat es in der Mitte des 19. Jahrhunderts der US-amerikanische Philosoph und Schriftsteller Ralph Waldo Emerson notiert – und erfahren. In seinem Essay *Natur* hat er eines der schönsten philosophischen Loblieder auf die Natur angestimmt und wurde damit zu einem der Pioniere der Ökologie-Bewegung des 20. und 21. Jahrhunderts. Er sprach dabei aus eigener Erfahrung: »In den Wäldern kehren wir zur Vernunft und zum Vertrauen zurück. Dort fühle ich, dass mich im Leben nichts treffen kann – keine Schande, kein Unheil [...], was die Natur nicht heilen kann.«

Nicht nur Emerson hat das erfahren. Auch heute berichten viele Menschen davon, wie gut es ihnen tut, sich in der Natur aufzuhalten. Als die Covid-Pandemie das öffentliche Leben zum Erliegen brachte, traf man plötzlich in den Parks und Wäldern wieder zahlreiche Spaziergänger, die ahnten, dass tatsächlich eine Heilkraft von den Bäumen, Blumen oder Wiesen ausgeht. Gerade in einer Zeit zunehmender sozialer Distanz und Kälte geht von der Natur ein wohltuender Einfluss auf uns aus. So schreibt Emerson: »Die größte Wohltat, die uns Felder und Wälder gewähren, ist die Idee einer geheimen Verwandtschaft zwischen dem Menschen und der Pflanzenwelt. Ich bin nicht allein und unerkannt. Sie neigen sich mir zu, und ich neige mich ihnen zu.«

Manche Menschen halten so etwas für eine romantische Spinnerei. Doch auf diese Idee kann man nur kommen, wenn man nie mit offenen Augen, offenem Herzen und offenem Geist durch Wälder und Felder, über Berge und Hügel spazierte. Du kannst es selber ausprobieren: Geh' raus in den Wald oder aufs freie Feld – oder einfach nur irgendwohin, wo nichts verbaut ist und wo keine Autos fahren. Und dann bleibe für zwei oder drei Stunden da draußen und höre zu, schau hin, rieche und fühle. Alles spricht zu dir. Und alles gibt dir Kraft. Alles energetisiert dich mit Lebendigkeit. Alles gibt dir dieses tröstliche und stärkende Gefühl der Zugehörigkeit zum großen, umfassenden Leben. D. H. Lawrence, ein Romancier, der von Emerson beeinflusst war, schrieb zu Beginn des 20. Jahrhunderts: »Vitally, the human race is dying. It is like a great uprooted tree, with its roots in the air. We must plant ourselves again in the universe.« Naturschutz ist der erste Schritt dazu.

RALPH WALDO EMERSON

(1803–1882)

Eigentlich sollte er Pastor werden. Doch dann starb seine erste Frau mit nur 19 Jahren und Emerson wandte sich vom traditionellen Glauben ab. Er unternahm eine Europareise, auf der er die führenden Köpfe der englischen Romantik kennenlernte, und brachte deren Denken nach Amerika. Nach seiner Rückkehr heiratete er erneut und schrieb seinen Essay Nature. *Zunächst fand er damit wenig öffentliche Resonanz, doch mit den Jahren wurde Emerson zu einer der prägenden intellektuellen Gestalten Amerikas. Die Harvard-Universität verlieh ihm die Ehrendoktorwürde und wählte ihn in ihren Aufsichtsrat. Er starb im April des Jahres 1882 in seiner Heimat Concord, Massachusetts.*

Ist es okay, ein Vermögen für sein krankes Tier auszugeben?

NEIN

Der Arzt und Denker Albert Schweitzer saß einst an Deck eines Kahns, der ihn zu einer entlegenen Missionsstation in Zentralafrika bringen sollte. Der Kopf war ihm schwer, die Hitze drückte unerträglich. Da sah er vor sich auf einer Sandbank vier Nilpferde mit ihren Jungen. »Da kam ich«, erzählt er, »in meiner großen Müdigkeit und Verzagtheit plötzlich auf das Wort ›Ehrfurcht vor dem Leben‹«. Auf eben dieses Wort kann heute kommen, wer davon liest und hört, dass Menschen große Summen investieren, um ihre kranken Haustiere invasiv- oder intensivmedizinisch betreuen zu lassen. Denn unabweisbar drängen sich da Fragen auf: Zeugt es von gesunder Ehrfurcht vor dem Leben, seine Katze einer Krebsoperation zu unterziehen? Ist es ethisch vertretbar, seinem Hund ein neues Hüftgelenk einzubauen?

Die Fragen sind gewichtig. Denn, so ist man leicht versucht zu meinen, wer sein Tier liebt, kann nicht dafür getadelt werden, dass er Geld – und sei es noch so viel – dafür investiert, es am Leben zu erhalten. Selbst, wenn die Mittel knapp sind und man sich die Frage stellen muss, ob es nicht sinnvoller wäre, das Geld notleidenden Artgenossen – kranken Kindern etwa – zuzuwenden: selbst dann scheint die Liebe zum Tier ein unerschütterliches Argument dafür zu sein, keine Kosten für sein Wohl zu scheuen.

Doch ganz so einfach ist es nicht. Was Albert Schweitzer forderte – und es gibt guten Grund, ihm darin beizupflichten – war nicht Tierliebe, sondern Ehrfurcht vor dem Leben. Und das ist etwas anderes, denn Ehrfurcht vor dem Leben gebietet, bei unseren Handlungen und Entscheidungen am Leben selbst Maß zunehmen und nicht an unseren eigenen, zuweilen selbstsüchtigen Emotionen. Wenn man am Leben selbst Maß nimmt, wird man jedoch eingestehen müssen, dass Tod und Leiden unentwirrbar mit dem Leben verwoben sind – und dass es gerade nicht von Ehrfurcht vor dem Leben zeugt, wenn man Hochleistungsmedizin und Technik auffährt, um irgendwie den Tod, der unausweichlich ist, ein wenig aufzuschieben.

Ehrfurcht vor dem Leben ist immer auch Ehrfurcht vor dem Leiden und Ehrfurcht vor dem Sterben. Ehrfurcht vor dem Sterben aber lässt nicht zu, das Sterben eines Tieres künstlich zu verlängern, indem man mit teurer Technik in den natürlichen

Lauf des Lebens eingreift. Wenn Tiere sterben müssen, sagt ihr Instinkt ihnen, dass es so weit ist. Dann gehen sie nicht zum Arzt, sondern ziehen sich langsam zurück. Sie haben – nach allem, was wir wissen – kein Bewusstsein ihres Sterbenmüssens, aber sie haben ein Gefühl, das sie schlafwandlerisch auf ihren letzten Weg einschwenken lässt. Warum sollten wir sie mit unserer Technik davon abbringen? Der Ehrfurcht vor dem Leben würde es entsprechen, das Tier nicht aufzuhalten, sondern auf dem Weg des Sterbens zu begleiten – gerne mit naturheilkundlichen Mitteln, die das Leiden lindern, aber nicht mit teurer Intensivmedizin, die zuletzt doch nur dem Bankkonto des Veterinärs zugute kommt.

»Ich liebe meine Katze aber doch so sehr, da kann ich sie doch nicht so einfach sterben lassen«, empört sich womöglich eine Stimme in dir? Dies ist nicht die Ehrfurcht vor dem Leben, die so spricht, sondern die ins Gewand vermeintlicher Liebe gehüllte Angst vor dem eigenen Tod, die nichts und niemand gehen lassen kann und sich an alles klammert, was ihr Halt gewährt. Es ist die Angst des Egos vor dem Ende, die so spricht. Die reife Liebe eines reifen Menschen tickt ganz anders: Sie ist dadurch geadelt, dass sie gehen lassen kann: ein Tier nicht anders als den Menschen, den sie liebt.

ALBERT SCHWEITZER

(1875–1965)

Er war evangelischer Theologe und Pianist, Arzt und Philosoph. Und darüber hinaus ein mutiger und liebenswerter Mensch, der sich nicht nur für leidende Menschen in Afrika einsetzte, indem er vor Ort in seiner berühmten Klinik von Lambaréné im heutigen Gabun Hand anlegte, sondern auch gegen die Verbreitung von Atomwaffen eintrat. Dieses Engagement trug ihm 1953 den Friedensnobelpreis ein. Getragen war sein Engagement von der Idee der »Ehrfurcht vor dem Leben«.

Darf ich Lebensmittel wegschmeißen?

JA

Ein Gartenfest. Du hast alles vorbereitet: diverse Salate, Antipasti, lauter kleine Köstlichkeiten. Das Büffet kann sich sehen lassen. Doch dann sagt der erste ab, später eine zweite und noch eine dritte. Egal, das Fest wird trotzdem wunderbar. Nur bleibt am Ende jede Menge Essen übrig. Als die Gäste alle fort sind, stehst du ratlos vor den teils noch vollen Schüsseln. Mitnehmen wollte keiner was, Einfrieren geht nicht. Was tun? Bleibt nur Wegschmeißen. Traurig gehst du zu den Mülltonnen – traurig wegen all der Mühe, die du dir umsonst gemacht hast, traurig aber auch, weil du an die vielen Menschen denkst, die heute vielleicht nichts zu essen haben.

Gräme dich nicht. Natürlich ist es schade um das gute Essen, aber Vorwürfe musst du dir nicht machen. Als du das üppige Büffet vorbereitetest, tatest du nur das, was auch die große Mutter Erde täglich tut: du gabst mit vollen Händen; sehr viel mehr, als nötig gewesen wäre. Du warst so verschwenderisch wie der Kirschbaum meines Gartens, der Jahr für

Jahr viel mehr abwirft als die Bewohner dieser Straße – einschließlich der Vögel – jemals essen könnten. Ja, du folgtest einem wunderschönen Grundprinzip des Lebens, das da lautet: Gutes Leben heißt, mehr geben als man nehmen muss.

Und nicht nur das: Du folgtest auch den Regeln der Ökonomie. Dauernd produzieren die Betriebe in der Landwirtschaft und Nahrungsmittelindustrie viel mehr, als der Markt verlangt. Überproduktion ist eingeplant, weil nur durch Massenproduktion der Preis für Lebensmittel klein gehalten werden kann. Herrschte Mangel, würden umgehend die Preise steigen. Dass der Bäcker abends jede Menge Brötchen in den Schredder steckt, ist die Folge davon, dass du seine Brötchen billig kaufen möchtest.

Nichts scheint also falsch daran, reichlich Nahrungsmittel einzukaufen, auf die Gefahr hin, am Ende einiges wegzuschmeißen. Aber trotzdem nagen in dir die Gewissensbisse. Irgendetwas, spürst du, stimmt hier nicht. Denn irgendwer, das ahnst du, zahlt am Ende drauf: die Natur, die ausgebeutet wird; die Tiere, die umsonst geschlachtet werden, die ausgelaugten Böden – aber auch die Hungerleidenden der Erde, deren Ackerflächen zu Weideland für Rinder umgewandelt wurden, die zuletzt als Burgerfleisch in den Fast-Food-Ketten landen.

In der Tat: Hier stimmt sehr vieles nicht. Das System, mit dem wir Nahrungsmittel produzieren, konsumieren und vermarkten, ist in seinem Kern verkehrt. Nicht der einzelne Konsument, sondern das System, das Lebensmittel zu industriell verfertigten Konsumgütern macht, mit denen an Börsen gehandelt und auf die spekuliert wird, führt dazu, dass in Deutschland 18 Millionen Tonnen Lebensmittel pro Jahr weggeworfen werden. Das wird sich nicht dadurch ändern, dass du keine Lebensmittel mehr wegwirfst. Eher änderst du etwas durch dein Konsumverhalten. Ja, es könnte an der Zeit sein, den ›ökologischen Imperativ‹ anzuwenden, den der Philosoph Hans Jonas in seinem Buch *Das Prinzip Verantwortung* (1979) formuliert hat: »Handle so, dass die Wirkungen deiner Handlung verträglich sind mit der Permanenz echten menschlichen Lebens auf Erden.«

Was das konkret bedeutet: Große Discounter meiden, die der niedrigen Preise wegen Massenproduktion verlangen; lieber beim heimischen Bäcker oder Metzger regionale Produkte kaufen; bereit sein, für gute Produkte einen angemessenen, auch teureren Preis zu zahlen; bewusster auf Qualität achten; und sich für den Händler freuen, wenn am Samstagmittag die Regale leer gekauft sind, anstatt rumzunörgeln, dass er nicht mehr da hat, was du scheinbar so dringend brauchst.

Hans Jonas

(1903–1993)

Er war ein gewissenhafter Mensch. Als Sohn einer jüdischen Fabrikantenfamilie sympathisierte er früh mit Plänen zur Gründung eines Staates Israel in Palästina. Nachdem die Nazis an die Macht gekommen waren, zog Jonas nach Jerusalem und kämpfte später in der Jüdischen Brigade mit den englischen Streitkräften gegen Deutschland. Ab den 1950er Jahren wandte er sich der philosophischen Ethik zu, in deren Zentrum er die Verantwortung des Menschen für seine Umwelt stellte.

Muss ein guter Mensch Vegetarier sein?

NEIN

Wer heute auf Fleischkonsum verzichtet, hat wahrlich gute Gründe auf seiner Seite. Denn was täglich in den industriellen Tötungsanlagen unserer Schlachthöfe und Agrarbetriebe stattfindet, kann niemand gutheißen. Hier wird die Natur auf eine Weise entwürdigt, vergewaltigt und missbraucht, die fern von jeder Natürlichkeit und Achtung des Lebens ist.

Damit ist aber nicht gesagt, dass es per se unmoralisch oder unanständig wäre, Fleisch zu essen. Anderenfalls müssten wir alle indigenen Völker der Arktis verdammen, die ob der in ihren Breiten chronischen Knappheit von Obst und Gemüse mehr als 90 Prozent ihrer Nahrung aus Fisch und Fleisch beziehen. Einfach weil es nichts anderes gibt. Wer wollte ihnen da ihre Fleischeslust verübeln?

Von diesen Völkern kann man allerdings auch lernen, wie ein maßvoller und achtsamer Fleischkonsum aussieht: so nämlich, dass den Tieren, die verzehrt werden, Wertschätzung und Dank gespendet werden, bevor man sie sich einverleibt. Und dass man nie mehr jagt, als für das eigene Überleben notwendig ist. Davon sind wir weit entfernt. Wir pfeifen uns die Schnitzel und Currywürste rein wie sonst nur was und fragen meist nicht danach, wo das Fleisch eigentlich herkommt. Der Fleischkonsum ist maßlos – und da liegt das Problem.

Tiere zu essen ist nicht unmoralisch, wenn es in Maßen geschieht – und es ist auch nicht unnatürlich. Wer meint, Fleischesser verstoßen gegen die ehernen Gesetze der Natur, muss sich vorwerfen lassen, ein sehr flaches, idealisierendes Verständnis von der Natur zu haben. Er sollte vielleicht einmal bei Goethe in die Schule gehen. Der hatte zwar im hohen Alter keine Zähne mehr – dass er deshalb zum Vegetarier geworden wäre, ist allerdings nicht bekannt. Obwohl er höchst gesundheitsbewusst lebte; an seine Christiane schrieb er einst: »Ich bitte Dich aufs allerinständigste, mir mit jedem Botentage etwas gutes Gebratenes, einen Schöpsenbraten, Kapaun, ja einen Truthahn zu schicken, es mag kosten, was es wolle«.

Der Fleischkonsum gehörte für Goethe zu einem natürlichen oder naturgemäßen Leben dazu. Und das nicht ohne Grund. Ihm waren alle romantischen Bilder der Natur zuwider. Für ihn war sie ein Großes und Ganzes, das alles umfasste – im Guten wie im Bösen. Als junger Mann veröffentlichte er einen kurzen Essay »Über die Natur«, der allerdings nicht von ihm, sondern von einem jungen Schweizer namens Georg Christoph Tobler stammte. Darin kann man lesen: »Auch das Unnatürlichste ist die Natur. Wer sie nicht allenthalben sieht, sieht sie nirgendwo recht«. Und weiter: »Sie ist alles. Sie belohnt sich selbst und bestraft sich selbst, erfreut und quält sich selbst. Sie ist rau und gelinde, lieblich und schrecklich, kraftlos und allgewaltig. Alles ist immer da in ihr.« Womit maßvollen Steakessern und Vegetariern gleichermaßen Absolution erteilt wäre: Sie leben und essen im Einklang mit der Natur.

Johann Wolfgang Goethe

(1749–1832)

Dass Goethe ein großer Dichter war, ist bekannt; dass er die Frauen liebte auch. Als Philosophen hingegen kennen ihn die wenigsten. Er selbst hätte sich wohl auch von sich aus nicht diesem Berufsstand zugerechnet, und doch beschäftigte er sich eingehend mit philosophischen Fragen. Vor allem die Natur wollte er verstehen, nicht weniger aber befasste er sich mit den Errungenschaften seiner Zeit. Dabei ist er überraschend modern. So sah er voraus, welche Probleme sich die Menschheit durch Technik und Mobilität einhandeln würde und wie bedrohlich die Geldwirtschaft ist – weil uns all das in seinen Augen von der Natur entfremdet.

Gott und Religion

Ist es wichtig, religiös zu sein?

JA

»Religion? – Also ehrlich: Muss das sein? Sind wir darüber nicht hinaus?« Du wärst nicht der erste Mensch, der so denkt. Schon im 18. Jahrhundert war die Religion ins Visier der Aufklärer und Freigeister geraten. Vor allem die Kirche galt als Bollwerk eines veralteten Denkens, überkommener Machtansprüche und einer den Menschen knechtenden moralischen Bevormundung. Wer nur irgendetwas auf sich hielt, der brach mit Religion und Kirche. Wer sich trotzdem nicht so ganz von Gott und Glauben losreißen wollte, musste sich für seine altmodische Auffassung rechtfertigen.

Friedrich Schleiermacher zum Beispiel. Er war ein Kind der Aufklärung und einer der wichtigsten Vordenker der Frühromantik des späten 18. Jahrhunderts. Aufgewachsen war er in einem fundamentalistisch-protestantischen Umfeld, mit dem er während seiner Studienjahre brach, um sich den alten Griechen zuzuwenden. Bei ihnen entdeckte er eine gänzlich andere Art der Religion als diejenige, die ihm vertraut war. Und er begriff, dass es ein großes Missverständnis wäre, das real existierende Christentum mit *der Religion* zu identifizieren – als ob die Menschen nicht im Laufe der Jahrhunderte ganz andere Religionen erprobt hätten: Religionen, in denen viele Götter verehrt wurden; Religionen, in denen keine Götter verehrt wurden; oder auch Religionen, die keinen Versuch unternahmen, die Menschen moralisch zu maßregeln, die nicht versuchten, mit der Wissenschaft zu konkurrieren. Schleiermacher stellte fest, dass Menschen religiös sein können, ohne deshalb irgendetwas mit dem zu tun haben zu müssen, was er aus den Kirchen kannte.

Also schrieb er 1799 ein bemerkenswertes Buch: *Über die Religion. Reden an die Gebildeten unter ihren Verächtern.* Darin schickte er sich an, eine bis dato völlig neue Deutung dessen vorzuschlagen, was man unter Religion verstehen könne. Religion, so sagte er, sei ihrem Wesen nach nichts anderes als »Sinn und Geschmack für das Unendliche«. Ihr Medium sei das Gefühl für das, was größer ist als wir: für das, dem sich das Leben allererst verdankt und aus dem unserem Leben Sinn zuwächst. Dieses Große, Ganze, Allumfassende nannte er nicht Gott. Lieber sprach er von dem Universum, der Natur oder dem Unendlichen, das sich uns Menschen allerorten offenbart; oder offenbaren würde, wenn wir nur den Mut aufbrächten, uns ihm zuzuwenden, hinzugeben, uns für seinen Zuspruch empfänglich zu halten.

Religion hat deshalb nichts mit Übersinnlichem zu tun. Auch sei es ihre Sache nicht, sich meditierend in spirituelle Welten zu flüchten. Nein: »Die Religion lebt ihr ganzes Leben in der Natur, aber in der unendlichen Natur des Ganzen, des Einen und Allen«; Und weiter: »Alles Einzelne als einen Teil des Ganzen, alles Beschränkte als eine Darstellung des Unendlichen hinnehmen, das ist Religion« – eine Religion, die ganz im Diesseits bleibt und sich darauf beschränkt, die Schönheit und Sinnhaftigkeit des Lebens zu erfahren. Weder, so wird Schleiermacher nicht müde zu betonen, geht es bei der Religion darum, den Menschen oder die Welt zu verbessern, noch darum, die Welt zu erklären. Moral und Welterklärung haben nichts mit Religion zu tun, und wo immer die Sachwalter der Religion den Anspruch auf absolute Wahrheiten oder Werte erheben, verheben sie sich. Und das ist schlimm, weil sie dadurch die Religion verfremden und all ihr Gutes in Vergessenheit geraten lassen.

Was ist das Gute an der Religion, wie Schleiermacher sie verstand? Dass sie es dir erlaubt, dich in der Welt – trotz allem Irrsinn, der geschieht – heimisch zu fühlen; dass du Ja sagen kannst zu dir und deinem Leben. »Alle Begebenheiten in der Welt als Handlungen eines Gottes vorstellen, das ist Religion«, so sagte er und meinte damit: In allem etwas Heiliges und Sinnvolles zu sehen oder besser noch zu fühlen: das ist es, was dir einen soliden Boden unter den Füßen gibt, auf dem du allen Widrigkeiten zum Trotz ein Leben bauen kannst: ohne Bekenntnisse, Beichten und Bußpredigten – dafür aber voller Liebe, Verbundenheit und Hingabe ans Leben. »Die religiösen Gefühle sollen wie eine heilige Musik alles Tun des Menschen begleiten«, notierte er: »Er soll alles mit Religion tun, nichts aus Religion.« Das könnte auch dir guttun.

FRIEDRICH SCHLEIERMACHER

(1768–1834)

Er gilt als einer der bedeutendsten Theologen der neueren Zeit. Und das, obwohl er der Kirche sehr skeptisch gegenüberstand. Zumindest in früheren Jahren, als er mit den Frühromantikern in Jena verkehrte und ihnen die Idee zu einer »neuen Religion« gab, deren Grundlagen er in seinen Reden Über die Religion *von 1799 vorstellte. Darin ging es ihm nicht so sehr um eine Reform der religiösen Institutionen – also der Kirchen –, sondern um eine neue Art der Religio, der Rückbindung des Menschen an das Sein der Welt. Damit begab er sich auf Kollisionskurs mit seiner evangelischen Kirche, der er gleichwohl die meisten Jahre seines Lebens als Pastor diente. Außerdem lehrte er Theologie an der von ihm mitgegründeten Berliner Universität.*

Kann ich mir eine eigene Spiritualität erschaffen?

JA

Hast du schon mal einen Yoga-Kurs besucht? Oder warst du mal in einem Zen-Sesshin? Vielleicht hast auch schon mal eine schamanische Schwitzhüttenzeremonie ausprobiert oder dich in sufischen Kreistänzen versucht. Spirituelle Angebote jedenfalls gibt es genug. Manchmal sogar mehr als genug. Wer auf die spirituelle Suche geht bzw. sich vorgenommen hat, seinen spirituellen Weg zu finden, steht jedenfalls oft vor dem Problem, gar nicht zu wissen, wo er ob der Fülle der Optionen anfangen soll. Und dann liegt es nahe, mal hier ein bisschen zu schnuppern oder da ein paar Schritte zu versuchen. Ganz nach dem biblischen Motto: Prüfet alles, und behaltet das Beste. Was am Ende dabei herauskommt, ist dann oft dasjenige, was man heute gerne »Patchwork-Spiritualität« nennt – und worüber Kirchenleute meist die Nase rümpfen, weil es so nach geistigem Gemischtwarenladen aussieht.

Ganz unberechtigt ist diese Kritik nicht. Denn alle ernstzunehmenden spirituellen Schulen sind eingebettet in hochkomplexe geistige Welten, die man nicht so schnell erkunden, geschweige denn verstehen kann. So kommt es, dass viele spirituelle Sinnsucher mit einer recht oberflächlichen Kenntnis ihrer bevorzugten »Wege« daherkommen und nirgends so tief einsteigen, dass sie eine authentische, das Leben prägende Spiritualität entwickeln könnten. Das ist schade, denn auf diese Weise bringt man sich ohne Not um etwas sehr, sehr Kostbares: die Chance auf echtes geistiges und seelisches Wachstum.

Damit soll nicht gesagt sein, dass man besser daran täte, sich an die alten religiösen Institutionen zu halten und deren traditionelles spirituelles Programm zu absolvieren. Klar, wer dort seine Heimat gefunden hat, muss sich nicht auf neue religiöse Meere einschiffen; doch wem die altbewährten religiösen Institutionen oder »Religionen« nichts zu sagen haben, weil er in ihnen keine für sich stimmige und einleuchtende Spiritualität findet, hat alles Recht und guten Grund, zu neuen Ufern aufzubrechen. Das war schon immer so. Sogar im Hochmittelalter.

Im 13. Jahrhundert gab es in Europa einen außerordentlichen Spiritualitätsboom, der das, was wir heute erleben, in den Schatten stellte. Vergleichbar ist allenfalls, dass es heute genau wie damals meistens

Frauen sind, die den spirituellen Aufbruch wagen. Natürlich waren sie im Hochmittelalter alle irgendwie vom Christentum geprägt, aber das hinderte sie nicht daran, abseits der Kirche ihre eignen spirituellen Wege zu erkunden. Von den Kirchenfürsten wurde das freilich nicht gern gesehen. Es dauerte nicht lange, bis die spirituelle Frauenbewegung mit Feuer und Schwert bekämpft wurde. Aber es waren doch immerhin gut hundert Jahre, in denen eine kühne, sehr individuelle und sehr mystische weibliche Spiritualität florierte: Frauen taten sich zusammen und bildeten sogenannte Beginen-Gemeinschaften, in denen sie meditierten, beteten und meistens sozialen Arbeiten nachgingen.

Eine der berühmtesten Beginen ist Mechthild von Magdeburg. Sie war eine äußerst mutige Frau, die sich nicht nur einer Beginen-Gemeinschaft anschloss, sondern es sogar wagte, ihre persönliche und eigenwillige Spiritualität in einem Buch bekannt zu machen: *Das fließende Licht der Gottheit*. In der Vorrede erwähnt sie, dass man sie davor gewarnt habe, ihr eigenes Buch zu schreiben. Sie habe es gleichwohl getan, weil sie sich von Gott selbst dazu berufen fühlte. Verrät schon dieser Hinweis eine erstaunliche spirituelle Selbständigkeit, so vertieft sich der Eindruck bei der Lektüre. Da berichtet Mechthild wieder und wieder in einer handfest erotischen Sprache von ihrem intimen Umgang mit Gott: »Herr, zwischen dir und mir geht ohn Unterlass ein unbegreiflicher Atem, in dem ich große Wunder und unaussprechliche Dinge erkenne und sehe«, flüstert sie wie eine Geliebte. Oder: »Herr, nun bin ich eine nackte Seele, und Du in Dir ein reichgeschmückter Gott. Unser zweier Gemeinschaft ist ewiges Leben ohne Tod. Da geschieht eine selige Stille und es wird ihrer beider Wille. Er gibt sich ihr, und sie gibt sich ihm.«

Sicher klingt diese leidenschaftlich poetische Sprache in unseren Ohren ziemlich fremd. Und sicher ist es nicht jedermanns oder jederfraus Sache, seine Spiritualität in Bildern erotischer Hingabe zu versprachlichen. Aber eines ist doch sicher: Die Frau, die solche wagte, ging mutig und entschlossen ihren eigenen spirituellen Weg. Die offizielle Kirche war ihr dabei nicht so wichtig. Gerade dadurch wurde sie zu einer Meisterin, die uns noch heute viel zu sagen hat.

MECHTHILD VON MAGDEBURG

(1207–1294)

Sie entstammte einer adligen Familie, in der sie Lesen und Schreiben lernte. Im Alter von zwölf Jahren hatte sie ein erstes spirituell-mystisches Erlebnis, was sie dazu veranlasste, sich im Alter von 20 Jahren einer Beginen-Gemeinschaft in Magdeburg anzuschließen. Dort lebte sie etwa 40 Jahre. Um 1250 begann sie mit Unterstützung ihres Beichtvaters mit der Niederschrift ihres Buches Das fließende Licht der Gottheit. *Die Veröffentlichung brachte ihr einigen Ärger ein, weshalb sie schließlich in die Zisterzienserinnenabtei Helfta eintrat, wo sie die letzten 12 Jahre ihres Lebens zubrachte.*

Gibt es Schicksal?

JA

»Es hat nicht sollen sein.« Der atemlose Fußballstar schaut müde in die Kamera. Den entscheidenden Elfmeter hat er verschossen und vorher zweimal nur den Pfosten getroffen. Ausgeschieden ist sein Team. »Es hat nicht sollen sein.« Er hadert mit dem Schicksal. – Szenenwechsel. Eine Frau steht fassungslos am Grab ihrer Tochter. 20 Jahre, Autounfall, unverschuldet. In der Nacht vor ihrem Tod hatte sie es geträumt, 24 Stunden später war es eingetroffen. »Es war wohl ihr Schicksal«, seufzt sie leise, »es sollte so sein«.

Was die beiden Menschen eint, ist ihr Versuch, sich einen Reim auf das zu machen, was sie nicht erklären können. Irgendeinen Grund muss es doch geben, denkt etwas in ihnen – doch mit dem Verstand bekommen sie ihn nicht zu fassen. Aus der Sackgasse, in der sie stehen, führen dann nur noch zwei Wege: Gott oder Schicksal. Wobei Gott meist dann von Gläubigen bemüht wird, wenn sie das Unerklärliche bejahen können, während das Schicksal am Werke scheint, wenn Schreckliches geschehen ist, für das man Gott zur Rechenschaft zu ziehen scheut, – und sich trotzdem trösten möchte.

Tatsächlich wohnt dem Glauben an das Schicksal etwas Tröstliches inne: Niemand hätte es verhindern können. Niemand kann beschuldigt werden. Niemand muss sich einen Vorwurf machen. Solche Sätze helfen Menschen, ihren Frieden mit der Wirklichkeit zu machen. Schicksal wirkt in diesem Fall als Antidepressivum für die Seele. Gleichzeitig aber wohnt der Schicksalsgläubigkeit auch etwas Verstörendes inne: die Absage an Freiheit und Verantwortung. Wenn sich immer wieder Schicksalsschläge in das Leben eines Menschen schleichen, ist dann nicht womöglich unser ganzes Leben Schicksal? Aber sind wir dann noch Herren über unser Leben – oder bloße Marionetten fremder Mächte, des Karmas oder eines Gottes? Geht nicht alle Menschenfreiheit flöten, wenn die Macht des Schicksals übermächtig wird?

So wäre es wohl, wenn man sich nicht mit den Werkzeugen des Denkens helfen könnte. Wie das geht, kann man vom Philosophen Gottfried Wilhelm Leibniz lernen. Leibniz litt darunter, dass die Welt offensichtlich unvollkommen ist. Und er fragte sich, wie das geschehen konnte, wenn sie doch ein guter Gott geschaffen hat. Also schickte er sich an, eine Theodizee – eine Verteidigungsrede für Gott – zu schreiben, in der er logisch zwingend darlegte, warum die Welt, in der wir leben, trotz aller Schicksalsschläge die beste aller möglichen Welten ist: eine »prästabilierte Harmonie«, deren Großartigkeit wir nur deshalb nicht erkennen, weil der Horizont unserer Vernunft zu klein ist, um das Ganze zu durchschauen. Gott und Schicksal sind in diesem kühnen Denken eines und dasselbe – und was immer über uns hereinbricht, war von Anfang an als Teil der großen Harmonie des Lebens eingeplant.

Das bedeutet freilich nicht, dass wir uns auf die faule Haut legen und alles Weitere dem Schicksal überlassen sollten. So läuft das bei Leibniz nicht. Seine Vision der prästabilierten Harmonie geht nämlich so weit, dass Gott in seiner unendlichen Allwissenheit noch vor dem Akt der Schöpfung antizipierte, wie genau ein Mensch in allen möglichen Situationen von seiner Freiheit Gebrauch machen werde – und erst nachdem er dies alles vor seinem inneren Auge durchgespielt hatte zum Schöpfungswerk überging.

Leibniz' Lehre hat die Schwäche, dass man ihr nur folgen kann, wenn man grundsätzlich einmal seinen Glauben an einen allwissenden und allmächtigen Schöpfer teilt. Anderenfalls wird man sich schwer mit ihr tun. Was schade ist, denn sie macht das Leben leichter, denn sie gibt uns das Gefühl, irgendwie sei diese Welt trotz allen Leidens doch in Ordnung.

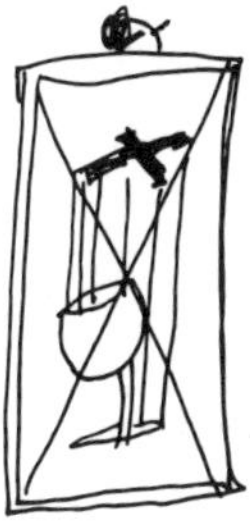

GOTTFRIED WILHELM LEIBNIZ

(1646–1716)

Seine bedeutenden Werke schrieb er in klapprigen Postkutschen, die ihn von einer europäischen Metropole zur anderen beförderten. Denn Gottfried Wilhelm Leibniz war nicht nur Philosoph und Mathematiker, sondern auch ein Diplomat im Dienste des Welfenhauses. Wie wenig andere verkörperte dieser Universalgelehrte den Geist der frühen Aufklärung und den Vernunftoptimismus der Barockzeit. Seine These von der bestmöglichen aller Welten trug ihm allerdings schon zu Lebzeiten den Spott anderer Denker zu.

Gibt es ein Leben nach dem Tod?

JA

Das ist eine Frage, die niemand beantworten kann; einfach deshalb, weil bei ihr höchst unklar ist, was sie eigentlich erfragt: »ein Leben nach dem Tod«? – hm, für wen denn eigentlich? Für uns als Körper aus Fleisch und Blut? Das wohl eher nicht, auch wenn der Apostel Paulus den Gläubigen im Jenseits einen »neuen Leib« in Aussicht stellte. Eher gilt als Subjekt eines Lebens nach dem Tod die körperlose »Seele«, die sich irgendwie beim Sterben aus den Fesseln eines Leibes löst, um eine jenseitige Reise anzutreten: ins Totenreich, zu den Inseln der Seligen, zum Jüngsten Gericht, zu einer neuen Reinkarnation oder wohin auch immer. Die Vorstellungen von einem Leben nach dem Tode sind so vielfältig wie die Kulturen, die sie prägten.

Ob es wirklich eine Seele gibt und ob sie unseren Tod auch wirklich überdauern kann, darüber lässt sich freilich streiten. Materialisten pochen darauf, dass niemand bisher die Seele gesehen, gemessen oder wissenschaftlich nachgewiesen habe. Philosophen, wie Immanuel Kant, führten gute Gründe dafür an, warum man zwar nicht umhinkomme, eine Seele anzunehmen, doch sie zeigten auch, dass man unmöglich ein verlässliches Wissen von ihr gewinnen kann. Letztlich scheint die Seele ganz wie Gott ein Gegenstand des frommen Glaubens, nicht aber der harten Wissenschaft zu sein.

Das kommt jedenfalls heraus, wenn man unter Seele etwas Gegenständliches versteht, das in einem Körper »wohnen« und ihn zuletzt »verlassen« kann, um dann auf eine »Wanderung« zu gehen. Einer, der das lehrte, war der Philosoph Pythagoras. Von ihm wusste Herodot, der als ältester Historiker der Weltgeschichte gilt, dass er den Glauben an die Unsterblichkeit der Seele aus Ägypten nach Griechenland mitgebracht hatte. Ob das stimmt, bleibt ungewiss; fest aber steht, dass sich um Pythagoras eine Art Gemeinde scharte, die sich vornahm, so zu leben, dass die Seele nach dem Tod auf gute Weise fortbestehen könne; und fest steht ebenfalls, dass den alten Griechen bis ins 6. Jahrhundert v. Chr. solche Vorstellungen nicht geläufig waren.

So muss man sich nicht wundern, dass die Lehren des Pythagoras nicht unwidersprochen blieben. Selbst Sokrates, der durchaus an ein Leben nach dem Tode glaubte, sah die Sache etwas anders als Pythagoras und dessen Anhänger. Denn in seinen Augen war die Seele nicht ein Gegenstand, der wandern konnte, sondern vielmehr so etwas wie die Grundenergie des Lebens, die das Leben am Leben hält, die den inneren Zusammenhang und Zusammenhalt eines Lebewesens sicherstellt und die es wachsen, blühen, Frucht tragen und sterben lässt. Diese Lebensenergie, so meinte Sokrates, ist weder dinglich fassbar noch messbar; nein, sie zeigt sich nur in ihrer Wirkung: eben in dem Leben, das sie trägt und hält.

Gleichwohl sei die Seele eines Wesens nichts Abstraktes oder Unbestimmtes. Sie – so hatten es die alten Griechen in den Mythen ihrer Ahnen schon vernommen – gleicht eher einem Lied, das wir selbst im Laufe unseres Lebens komponieren. Und wenn dieses Lied ein sinnvolles und schönes Lied ist, dann wird es auch noch nach unserem Tode fortbestehen und weiterleben: in der Erinnerung der Menschen und im Gedächtnis des Kosmos. Die Seele wäre dann im Augenblick des Todes fertig wie ein Kunstwerk. Und ihr Weiterleben hinge ganz daran, ob ein Leben schön und sinnvoll war.

Ob das tröstlich ist, muss jeder für sich selbst entscheiden. Unser Ich mit seinen Wünschen und seinem Hunger auf dauerhaften Bestand wird sich damit kaum abfinden können. Denn für unser Ego mit all seiner Habe gibt es in der Vorstellung des Sokrates kein Weiterleben nach dem Tod. Aber, seien wir mal ehrlich: vielleicht ist ja gerade das die gute Nachricht.

PYTHAGORAS

(ca. 570–510 v. Chr.)

Pythagoras ist eine Gestalt, die sich halb im Dunkel der Legenden verliert. Verbürgt ist, dass er auf der Insel Samos geboren wurde, viele Reisen in den Orient unternahm und zuletzt in Süditalien eine einflussreiche Schule bzw. eine Art Orden gründete. Ebenfalls wissen wir, dass sowohl Männer als auch Frauen in pythagoreischen Gemeinschaften zugange waren und sich einem bestimmten Verhaltenscodex unterwarfen. Abgesehen davon widmeten sich die Pythagoreer vor allem der Mathematik und der Musikwissenschaft.

Der Autor

Dr. Christoph Quarch (*1964) ist Philosoph, Autor, Redner, Platon-Experte und Denkbegleiter. Er berät Unternehmen, unterrichtet an verschiedenen Hochschulen und veranstaltet Philosophiereisen. Mit seiner SWR-Radiokolumne »Der Frühstücks-Quarch« sowie mit seinen Podcasts, Artikeln und Büchern erreicht er ein breites Publikum im gesamten deutschsprachigen Raum. Im Jahr 2020 initiierte und gründete er die Neue Platonische Akademie *(akademie_3.org)* zur Entwicklung eines geistigen Paradigmas für das digitale Zeitalter.

Impressum

Kann ich? Darf ich? Soll ich?

Philosophische Antworten auf alltägliche Fragen

3. Auflage, 2024

Autor

Dr. Christoph Quarch *www.christophquarch.de*

Buchidee und Projektumsetzung

Christine Teufel *www.christophquarch.de*

Buchgestaltung

Björn Pollmeyer *www.coscreen.net*

Illustrationen

Patricia Schellenberger *www.patriciaschellenberger.de*

FSC www.fsc.org MIX Papier aus verantwortungsvollen Quellen FSC® C014138

Gedruckt in der Europäischen Union, Finidr, CZ

Ein Imprint der Katerleuchten GmbH,
Gartenstraße 3, 54550 Daun

ISBN 978-3-948206-09-3
www.legenda-Q.de